suncolor

suncolor

百歲時代

EXTRA TIME

10 lessons for an ageing world

當人生百歲成為常態，我們該如何活得更好？

卡米拉．卡文迪許 Camilla Cavendish 著
高霈芬 譯

suncolor 三采文化

目錄
CONTENT

引言

全民百歲的全新世界——人生延長賽

二〇一八年，一名荷蘭男子向法院主張將自己的法定年齡減二十歲。六十九歲的艾米爾・拉特班德向荷蘭阿納姆（Arnhem）法院表示：自己的實際年齡讓他感覺「不舒服」，因為他的實際年齡無法反映他的心理狀態——而且還成為找工作或是網戀的阻礙。他想把自己的出生年月日從一九四九年三月十一日改為一九六九年三月十一日。

拉特班德說醫生表示他的身體年齡為四十五歲。「六十九歲會受到很多限制，」他說。「如果我只有四十九歲，就可以接到更多工作。如果在 Tinder 上顯示為六十九歲，我就作古了。」朋友建議他謊報年齡，但他說「要扯謊就要記住你說過的每一句話」。

拉特班德把自己的減齡主張與尋求認同的跨性別人士做比較——言下之意，他認為年齡必須是一種浮動的概念。拉特班德表示他的雙親都已過世，不會因為他希望改變年齡而生氣。他甚至還自願放棄退休金。

「正念教練」拉特班德的觀念十分前衛。法庭拒絕了他的要求，認為改變年齡會對投票權等法定權益造成「負面影響」。但是，這個看似無聊的案子卻蘊含了一個很重要的概念：我們正在歷史一個嶄新階段的起點，新階段即將展開。

人生延長賽——全民百歲的時代來臨了

若你現在正值五、六十歲，你便很有可能活到九十幾歲。如果能好好照顧自己，又有幸運之神的眷顧，接下來的這幾十年中，大多時間你都可以健康有活力。人類的實際年齡與生理能力正逐漸在脫鉤。

足球進入延長賽代表革命尚未成功，同志仍須努力。我們很多人的人生亦是如此。「拒絕退休」、重返職場的人潮開始出現。生物學與腦神經科學的進步可以延長人類年輕的歲月。然而，我們的體制、我們的社會卻仍未跟上腳步。拉特班德的外表、體能，以及抱負都顛覆了我們對六十九歲的傳統看法。他的做法比較極端，想要改掉自己的出生年月日。但我們為何不乾脆改變人們對六十九歲的看法呢？

百歲人瑞的迫切需要

一九一七年，英王喬治五世（King George V）拍了史上第一封電報給一名百歲人瑞。這是封手寫電報，用腳踏車傳遞。二〇一七年，英國女王伊莉莎白二世（Queen Elizabeth II）寄出了上千份百歲生日賀卡，由七人組成的專案小組負責派送。

延長賽的時代會有越來越多的百歲人瑞。英國國家統計局（The Office for National Statistics）預測，現今在英國出生的嬰兒，有三分之一可以活到一百歲。甚至有些科學家認為人類可以活到一百五十歲（詳見第六章）。

聽起來是個美好的故事。然而實際上，恐懼開始蔓延，我們就像是坐在一個「人口定時炸彈」上，等著一批批的年長者把政府吃垮，傷害國民生產總額。如果我們隨著年紀增長而失去創造力，六十歲就停止工作，經濟便會衰退，年輕的世代就必須面對壓垮人的稅率。

然而我們可以避免這種情形。有越來越多人開始像艾米爾・拉特班德一樣不打算退休。工作人口與退休人口比例失衡的危機，全源於「官方勞動年齡」的定義為十五至六十四歲。但是大衛・霍克尼（David Hockney）在七十六歲時成為了世界頂尖的 iPad 畫家；蒂娜・透娜（Tina Turner）在七十三歲時登上《時尚》雜誌（Vogue）的封面；三浦雄一郎在八十歲的時候攀上了珠穆朗瑪峰。股神巴菲特（Warren Buffett）八十幾歲仍繼續投資；大衛・艾登堡（David Attenborough）九十幾歲還在製作當紅電視劇。此外還有千千萬萬個人追隨著他們的腳步，把「人生延長賽」視為一個機會，創立公司，能幹多勞。這些人是人口炸彈的拆彈專家。

但他們的身體撐得住嗎？足球若打進延長賽，體能便顯得格外重要。但說實話，人類的前景挺好。現今七十歲的人比過去活躍得多，失智案例也減少了。話雖如此，在「健康不平等」（health inequalities）這方面我們仍有待加強。英國預期壽命的增加已趨緩，目前，女性出生起算的預期壽命為八十三歲，男性則為將近八十歲。在美國，出生起算的預期壽命已經連續下滑三年，其中一個原因是鴉片類藥物氾濫。而英美兩國也努力對抗著肥胖以及貧窮這兩個大敵。

以全球的角度來看，人口學者認為預期壽命忽然降低應該只是短暫的現象。二十一世紀的人類會更加長壽，我們身處的社會也以意想不到的速度在老化。而人類老化的速度是否也加快了呢？若仍用過時的觀念來看待五十歲、六十五歲或八十歲，當然是如此。

打進人生延長賽的島嶼

太平洋的沖繩島上沒有退休這個詞。地表最長壽的這些女性，即便已年過一百，仍照顧著兒孫。沖繩人很少感覺寂寞，因為他們總有一群好友相伴，這群禍福與共的朋友，沖繩人稱為「もあい」（moai），漢字寫作「模合」。傳統的沖繩家中沒有太多傢俱：在家吃飯時多席地而坐，所以一天當中要從地上爬起來好幾回。他們也有很強的「生き甲斐」觀念，大概可以粗略翻譯成「生命的意義」。我的日本朋友說，價值觀、興趣以及專長三者的交會之處，就是生命意義之所在。

沖繩屬於世界的「藍色慢活區」（Blue Zones）。藍色慢活區是學者丹・比特納（Dan Buettner）所提出的概念，區內居民較少罹患慢性疾病，並且非常長壽。長壽雖無萬靈丹，但是幾個藍色慢活區仍有些共通之處：以蔬菜為主的飲食，鮮少攝取加工食品，堅貞的友誼與人生的目標，相當充足的睡眠還有費勁的體力活。

不可能每個人都住在島嶼上，日出而作、種田幹活。但是藍色慢活區告訴我們，我們最習慣的「正常」狀態可能其實是人類自然狀態的劣質版。這是很好的領悟。

提筆撰寫本書的原因

二〇一六年我至愛的父親過世後，我便開始撰寫本書。父親在世時一直很害怕「變老」，怕到他還沒真的老就已經過著限制重重的生活了。我仍記得他五十歲生日時有多麼憂鬱。那時我們在康沃爾（Cornwall），一起坐在他最喜歡的崖邊，看著下方的海浪拍打上岸，他說他感覺一切都「結束了」。那時的我還是個孩子，五十歲已經老得我無法想像。不過我也確實發現，那時起父親便開始用不同的眼光看待自己了。他會說：「喔，這不適合我，我太老了。」還邊嘆著氣。母親離開他後，他即便愛貓卻也不願意養貓，因為他怕貓活得比他久，日後會沒人照顧。我父母離婚的時候父親五十八歲，他最想念的就是我們那兩隻貓——亞瑟與梅林（離婚後母親把牠們帶走了，還帶走了大家搶著要的那張餐桌）。結果我父親活到了八十六歲，而且這段時間內他幾乎一直處在絕佳的健康狀態。這麼長的一段時間他都未曾養過貓，若早養了還可以有貓咪相伴。

父親過世後，我實在很難不去思考年齡可能替我們設下的限制。

我母親七十二歲之前都謊報年齡，因為她擔心丟了秘書的飯碗，付不出離婚後背起的房貸。要圓一個謊是件非常辛苦的事。母親從來不敢加入公司的退休金制度，深怕露出馬腳。她也很討厭年華老去之後變成隱形人的那種感覺。她不讓我的孩子叫她「外婆」或使用其他會顯示她是外婆的稱謂，搞得祖孫之間關係頗為尷尬。

以傳統的角度來看，我父母很「老」才生下我——那時他們都快四十歲了。他倆是一九五〇年代在牛津大學認識的，她是在康乃狄克州格林威治長大的美國佳人，他則是一位英國牧師的好學兒子。他們的同溫層都是學富五車、靈魂自由的藝術家與學者，對這些人來說，工作是興趣，銀行存款不重要，「退休」是個可怕的想法。我父親在歷史雜誌《今日歷史》（History Today）的最後一篇文稿是在查令十字醫院（Charing Cross Hospital）的病床上完成的。我母親最後一次心臟病發時，正在替朋友爭取重返工作崗位的機會。

我在我的專業領域中發現，年長者常被認為要聽天由命，我自己對我父母的看法也是一樣。我是一名記者，也曾在英國衛生部（Department of Health）工作，因此見過不少努力抵抗照表操課文化以及低薪工作環境的護理、照護人員。我在擔任國立醫院與長照中心監管委員時，發現英國的病人根本就像是被關在二戰留下的筒倉中。而在擔任英國十號政策小組（Number 10 Policy Unit）的組長時，我提出課徵糖稅以及其他相關政策來解決肥胖的問題。肥胖會使人未老先衰，但社會卻普遍認為這是「個人選擇」。我也感覺媒體興奮地搶報百歲人瑞的新聞，卻不願意探討長命百歲的意義究竟為何。

我之所以寫這本書，是想要挑戰人們對老化的刻板印象並且找出各國分別做了哪些努力來打造這個「全民百歲的新世界」。我有幸可以認識許多偉大的領頭羊，在我心中他們是「頑強的生命鬥士」——他們拒絕保守的服飾、不願意退休，也不肯被推進長照中心。

這些生命鬥士的直覺告訴他們，世界已經有了重大的改變。他們用不同的方式來傳達人類不該受年齡限制的訊息。而我寫這本書的目的是要傳遞這些人的訊息，說服讀者好好思考自己的未來，與此同時，我也想試著改變目前社會定義「老」的方式。因為，不管我爸怎麼想，老的定義絕對不會是五十歲。但是，很多跟「老」有關的數據還是從五十歲起跳——而實際上很多五十歲的人，人生才過了一半而已。這本書並非只是過度浪漫、不切實際的幻想。我並沒有說人人都能雀躍地踩著小跳步，一路活到一百二。老實說我寫這本書，有一部分原因是想警世。

我個人不認為長壽是福氣，除非你可以活得久又活得好。我父母都不想長命百歲。他們只想盡可能活得精彩，也希望可以走得輕快。

在做本書相關研究時，有一項發現令我大感震驚，那就是貧富之間以及高低知識分子之間的未來大有不同。目前只有日本能妥善處理相關的健康問題，也就是說，有些人八十歲，但是是日本人口中的「初老人」（Young-Old），而有些才人六十五歲就已經是「中老人」（Old-Old）了。我個人認為這是當代最大的倫理挑戰，若不能找到因應之道，屆時富人、高知識分子以及幸運之神眷顧的人到了九十歲也許還精力旺盛——但到那時，他們所處的社會將沒有餘力照顧窮人。我們必須防止這樣的情形發生——怎麼說敬老之道都是文明社會的一個指標。

不同的世界、更好的世界

這本書涵蓋了一個大議題的許多面向。我想分成十章來探討這些面向，每一章都是我從專家、學者、政策決策者，以及在前線作戰的人身上學到的知識。我也訪問了挑戰「老化不可逆」概念的生物學家；試著想要延緩大腦退化速度的腦神經科學家；還有努力要把不同世代連繫在一起，不讓世代越來越疏離的社會企業家。

我先研究了人口趨勢、長壽以及直線下滑的生育率，這些問題帶給人類前所未有的挑戰。全面性的自主絕後現象，在演化的角度來看是不可能真正發生的。但是生育率下滑的速度實在太快，要不了多久，某些國家的人口就會開始減少。中國還來不及發大財就會先變老。如果美國可以繼續保持活力，地緣政治的權力平衡可能就會有所改變。

我們無意間創造出了一個全新的人生階段——延長的中年。我會在第二章中討論這個新的階段，以及媒體、政府如何灌輸我們錯誤的觀念；也會提到各種預測健康壽命的方法，討論富人與高知識分子和窮人之間日益擴大的差距。第三章探討若戒除垃圾食物並且避免靜態生活，生物老化的面貌會是如何；也談到肥胖會使人未老先衰。我不會在書中推薦特定產品或藥物，但我必須說，有氧運動和戒糖的好處確實是有憑有據。

矽谷有些億萬富翁展開了對長生不死的追尋。他們的研究很有意思，其中特別引人注意的是「超級人瑞」研究，這些超級人瑞在活到一百零五歲之後，死亡的風險就會降低。但我最關心的還是改善生活而非延長壽命。在第五章中，我提到了腦神經科學的發展，腦神經科學告訴我們活到老確實可以學到老。該章也提到可以幫助我們保持思路清晰的各種腦力訓練，以及也許可以預防阿茲海默症的「認知庫藏」（cognitive reserve）。在第六章，我列出了號稱有抗老化功能，可以控制基因以及體內蛋白質的藥物。這些發現點出了一個有點詭異的問題：老化該被視為疾病嗎？然而再過十年，頭痛醫頭、腳痛醫腳的治病方式會開始顯得不切實際，運用人體本身的機制來抵禦各種不同的症狀似乎才是解決之道。

這並不是說人類將不再生病。在第八章，我見到了冰冷實用的日本機器人以及溫暖機靈的荷蘭護理師。建立在科技與人性之上、更貼近人類需求的醫療照護體系，未來每個人都會需要。

企業面臨到了巨大的挑戰。往後的勞動力市場將會橫跨多個世代，造成管理困難。雖然許多工作已經邁向自動化，紛紛退休的嬰兒潮世代卻造成了技能短缺。我們需要第四期教育來因應第四次工業革命。好在有一群先鋒正努力擺脫退休是好事的觀念並且成功創業（見第四章）；還有一些人正在打造每個人未來都會需要的互助社區（見第七章）；更有些人運用年長者的精力和互助精神來行善，像是辛巴威的老奶奶或是英國醫院的志工（見第九章）。

長壽以及萎縮的年輕人口造成了社會契約的壓力。我們的社會要如何同時照顧老年人又不導致年輕人破產？在第八章我舉了德國與日本的例子，提倡新的社會照護經費來源。在第十章，我談到新的差距並非僅存在於年輕人與年長者之間，專業技術之有無也會造成差距，不分年齡。

進步的一大阻礙是我們本身的偏見。我們必須改變自己的態度，必須明白真正延長的時間不是老年，而是中年。這是相當急迫的挑戰。世界正以眾人始料未及的速度在老化。世界快速老化不只是因為長壽，還有一個原因是我所謂的「新生之死」（Death of Birth），我在下一章就會詳加說明。

第一章

新生不再：人口結構將改變世界的權力平衡

到了二〇二〇年，地球上六十五歲以上的人口數將會首度超過五歲以下的人口數。祖父母多，孫子、孫女少。

世界老化是由兩股趨勢所造成。首先，人類比以前長壽了。在二十世紀，多數已開發國家的平均預期壽命增加了三十歲，原因是營養充足、衛生良好、醫療進步。目前瑞士的男性最為長壽，出生起算的平均預期壽命為八十二歲；最長壽的女性則在日本，平均預期壽命約為八十七歲。澳洲、以色列、加拿大、南韓以及多數西歐國家也都緊追在後。男女之間預期壽命的差距也在縮小，因為過去喜歡自我放縱（喝酒、抽菸）而導致早死的男性，已經開始屏除惡習。

第二個原因是世界各地女性當母親的意願降低了。一九六四年，一名女性平均會有五點多個小孩，到了二〇一五年卻只剩下二點五個。

若要維持目前的人口數，生育率就必須達到「生育替代率」（replacement rate），也就是一名女性約要有二點一個孩子。而世界上目前有八十三個國家的生育率低於生育替代率，這些國家的總人口數將近世界人口的一半。澳洲、紐西蘭、巴西、智利以及多數歐洲國家目前的生育率都低於這個水準。南非和印度的生育率也快速地朝著替代率降低，這兩國目前的生育率分別為二點五和二點三。

這種變化會改變國家的樣貌。日本人口早已開始萎縮，而到了本世紀中，義大利、波蘭、南韓以及俄國的人口也會開始萎縮。這些轉變可能會重新界定地緣政治的權力平衡——也就是人口老化、人口萎縮這條路上的國家（主要是中國）以及有許多年輕人、移民撐腰的國家（目前的美國）之間的權力平衡。

未來的年輕人大本營會是非洲。在二〇一七至二〇五〇年之間，估計有二十六個非洲國家人口會翻倍，使非洲大陸又再多出十三億的人口。

在世界人口數達到巔峰後（預計會在二〇七〇年之後，人口數預測值各有不同，九十億至一百一十億不等），人類減少對環境來說應該是好事。但是我們也已經可以預見這會對人類造成的影響。走一趟日本秋田縣，那裡三分之一的居民都年過六十五，成長中的產業主要是葬儀社。或到中國東部的如東縣，十五年之間，學校倒了一半，因為年輕人都搬走了。

人口結構不只改變了家庭的樣貌，更是根本地改變了家庭的意義。小孩越生越少，之後的我們該依靠誰呢？

中國政府通過了《老年人權益保障法》，不常回家看望父母的孩子必須受罰，但是年輕人也出現反彈。有人在微博上抱怨：「多常才是『常』？」另一名網友問：「沒人付錢讓我們回家看父母是無所謂，但有人要放我們探親假嗎？」

要把目前的人口趨勢做成圖表，最好的方法就是人口學者使用的人口圖。若是把一九五〇年任何一個國家的人口，依照年齡層製成條狀圖，底層最年輕、頂層最年長，這張圖看起來就會像是一個金字塔，年輕人人數比老年人多。信史以來，人口金字塔一直維持著這個形狀，如P．19的圖表所示。

然而從那時起，生育率下滑與壽命增加使得人口結構圖開始出現了改變。日本是世界最高齡的國家，生育率也是世界最低：平均一名女性只有一點四個孩子。五十年前，日本人的預期壽命約為七十二歲，現在則是八十四歲。二〇一五年，日本有四分之一以上的人口超過六十五歲，人口金字塔於是變成了人口橡木桶，如P．20的圖表所示。

一九五〇年日本各年齡層的兩性人口比例

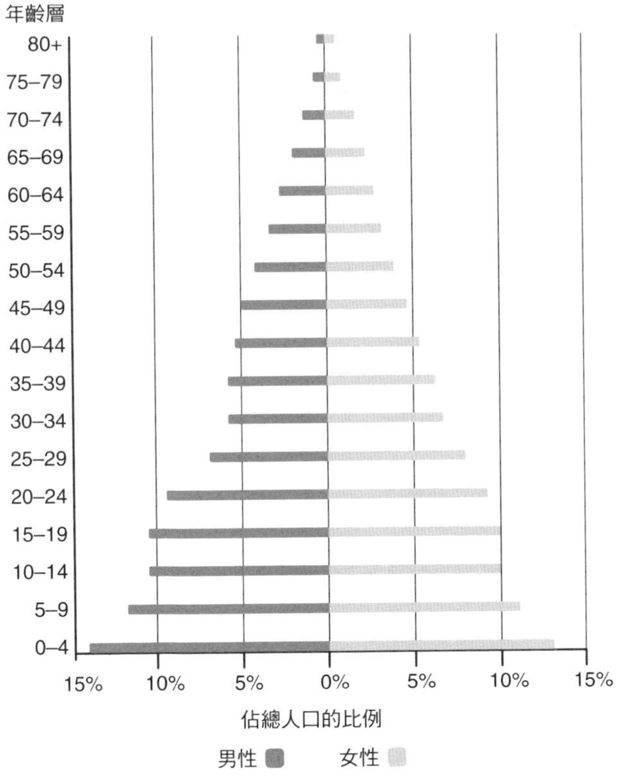

二〇一五年日本各年齡層的兩性人口比例

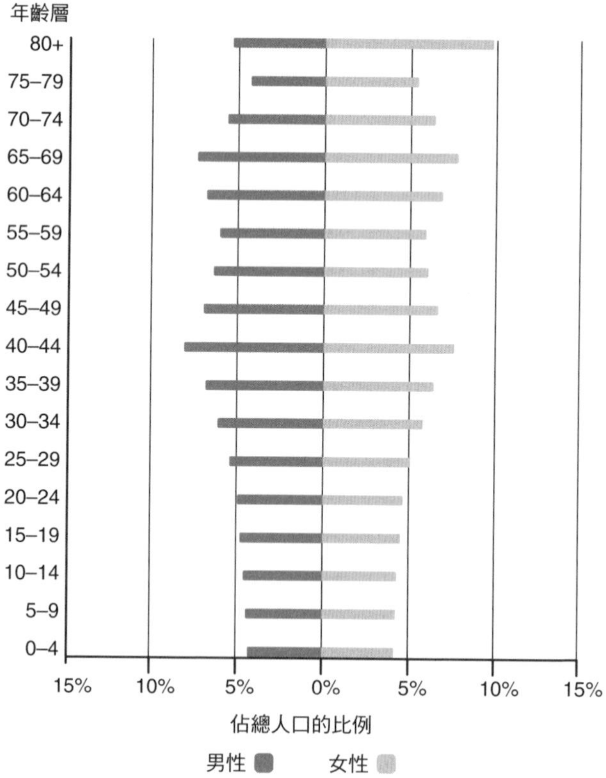

二〇五〇年日本各年齡層的兩性人口比例（預測值）

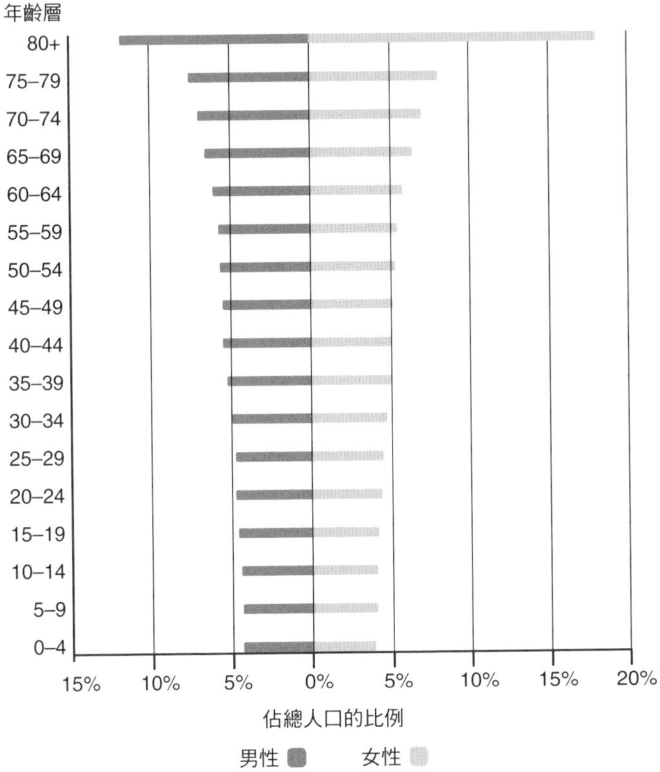

現在起到二〇五〇年這段時間中，長壽將會持續改變金字塔的形狀。世界人口中，成長速度最快的年齡層將會是八十歲以上的人口。日本的人口金字塔會向上、向外擴張，形狀會變成一個花盆，如P．21的圖表所示。

過去曾有專家預測「日本民族會滅絕」。而我們首先要問的是：為什麼？為什麼上百萬人會同時忽然改變心意，不打算生孩子了？

日本的「草食男」與「女強人」

「這裡的男人不喜歡比他們聰明的女人，」一名四十多歲的日本主管圭子說。我在東京希爾頓飯店跟她見面時，她穿著個性套裝，踩著低跟高跟鞋。「他們怕妳太強勢，也怕妳在床上太強勢。所以我心想，何必呢？何必要跟一個對 Xbox 還比較感興趣的男人在一起？」

目前，世界上老年人人口比例最高的日本出現了詭異的現象。據說在二〇一三年，年長者和失禁患者的尿布銷售量比嬰兒尿布銷售量高。這個難堪的數據，說明了一個赤裸的事實：育養嬰兒，已經不是主流趨勢了。

在日本這個家庭至上的傳統社會中，這種轉變主要來自於女性主義思潮：女性想要擺脫三從四德的家庭觀，還要男人跟著接受。「說實話我是不介意生小孩，」我在倫敦認識的一名日本學生說。「但我不知道我有沒有辦法忍受老公。」

「很難。」一位坐三望四的日本女性說。這名嫁給紐西蘭人的日本女性說著一口漂亮的英語。「我很多朋友把事業看得很重，這是屬於她們的機會，她們也不想跟沒能力養家的男人交往。」

現在的日本女性比以前更有理想抱負，也很瞧不起她們口中的「草食男」。草食男一詞是由《日經商業網》專欄作家深澤真紀於二〇〇六年所創。草食男不知道怎麼約女生；草食男恐女；說白了，草食男根本對女性提不起勁。《日本時報》的一份調查發現，坐二望三的男性中有百分之二十的人表示自己對性事意興闌珊，甚至想都不會想——有些人認為這是因為工時太長導致的結果。

我們不知道這種刻板印象的真實性究竟有多高。愛情賓館依舊流行——愛情賓館是日本特有的文化，男性上班族可以於此「小憩」。日本夫婦的生育率略高於生育替代率，但是選擇單身的人更多。相親風氣不再，千千萬萬名男性不再由母親介紹結婚對象。五十歲的日本男性中，四人中有一人從未結過婚。日本仍普遍不能接受未婚生子，這對生育率也有負面的影響。

此外，育兒很花錢。相關調查顯示，二十至三十幾歲的人，不論男女，都表示沒錢是結婚的一大阻礙。越來越多的夫妻需要靠雙薪來維持家計。但是在加班文化當道的日本，當一個帶職媽媽真的很難。

然而問題還不只有開銷。許多女性已經不再需要依靠男人過活，因為現在企業求才的觀念已經比以前開放了。另外還有一個有點諷刺的原因——日本人意識到要在人口減少的環境中維持經濟繁榮，就必須善用所有人材。圖表上的曲線都在走下坡，專家也開始積極尋找解決方法。

「我們必須增加移民，否則便會亡國。」加州大學洛杉磯分校東京日本中心（UCLA Japan Center in Tokyo）的主任經濟學家齋藤純博士表示。齋藤博士認為，就算可以增加女性和年長勞動力，仍必須開放讓更多移工到日本工作。「假設明天生育率就提升至二點一，」他告訴我：「這很困難喔，但就算成功，人口也要到六、七十年後才能趨於穩定。」

日本人不歡迎移民。日本國內勞動力市場中，外籍勞動人口佔不到百分之二。雖說日本政府近年開放了新的簽證類型給營建、照護等技術門檻低的移工，也打破了移工家人要等五年才能搬來日本的規定，讓家人可以立刻跟來日本，然而取得看護簽證資格的移工人數仍是少之又少。其中一個原因是：相關考試是以日文進行。

齋藤博士坦言：「我認為最糟的情況就是，就算日本對外門戶大開，卻還是沒人要來。」

中國：還沒發大財就先變老

到了二一〇〇年，中國的老年人口會遠超過印度以外的所有國家。不少人開玩笑說，中國的老人會多到可以形成從外太空都看得見的「銀髮長城」（the grey wall of China）。涼爽的清晨，北京天壇附近的公園內有數百名老人在玩牌、打太極或運動。還有大約五十個人在一起跟著輕快的音樂跳著廣場舞，女性居多。她們在樹與樹之間的小徑中，優雅、安靜地跳著排舞。

真是舒心的和諧景象。這群婦女精準的步伐充滿著自信。但是對於未來，中國應該很難有這般自信了。公園裡大多是退休人士。中國的勞動年齡人口數自二〇一二年就開始下滑，照這個速度，到了二〇五〇年中國預計會減少四分之一的勞動力。美國企業研究院（American Enterprise Institute）人口學者尼可拉斯・艾伯斯達特（Nicholas Eberstadt）預測，中國的國民生產總額會因此受到連累。到了二十一世紀中，中國的人口結構會變得很像日本——卻又不如日本富裕。

早在一九七八年政府提出一胎化政策以前，中國的生育率就已經下滑了。現在的中國被獨生子女所淹沒。許多獨生子女必須撫養一父、一母以及四個祖父母——也就是所謂的「四二一綜合症」。此外，因為很多家庭重男輕女，中國產出了一大票麻煩的單身漢，這些「光棍」要討老婆會很困難。

中國共產黨發現事態不妙，於是便在二〇一五年取消了一胎化政策，但似乎是為時已晚。條件符合，向政府申請生第二胎的家庭寥寥無幾。許多家庭自認無法負擔第二胎，因為很多人都搬到了生活費很高的大城市。中國十個媽媽有七個帶職，擠不出時間多照顧一個孩子。

婚姻也逐漸失去了魅力。在《非誠勿擾》這類電視相親節目中，中國女強人常嫌棄潛在追求者太醜或太窮。中國目前讀大學的女性比男性多，也有很多人開始反抗社會用

「剩女」一詞來嘲諷未婚女性。中國的交友網站百合網（Baihe.com）做了一項調查，發現百分之七十五的女性認為丈夫的薪水必須是妻子的兩倍。

中國社會科學院預測，到了二〇二九年，中國人口會達到十四億四千萬的巔峰，接著便會開始下滑，停不下來。社科院也預測，到了二〇六五年，中國人口將會減少至一九九〇年代中期的數字。

這對中國這個軍事強國而言代表了什麼呢？美國賓州匹茲堡杜肯大學（Duquesne University）的政治科學家馬克・L・哈斯（Mark L. Haas）認為，中國很有可能會被迫向其他國家尋求「老年和平」（geriatric peace）——因為老年人帶來的巨大壓力會使中國無法維持軍事開銷。不過這也不一定：因為中國不一定和民主國家一樣認為政府有義務要花費在年長公民身上，而且中國可以運用科技來提高生產力。而中國實在太龐大，也不可能引進足夠的移民來平衡人口結構。

於是，中國政府提供五年多次出入境簽證吸引海外僑胞歸國——南非和印度也有類似的政策。同時中國也在醞釀提高退休年齡的策略，目前中國的退休年齡是男性六十歲，女性五十五歲。

中國也開始面臨慢性疾病的問題，程度緊追西方世界。快速都市化帶來了垃圾食物與壓力，而中國人也尚未擺脫抽菸的習慣。毛澤東政權之下的中國人反而出奇地健康：當時全世界預期壽命成長最穩定的就屬中國，從一九四九年的三十五歲成長至一九八〇年的六十五歲。這群健康的勞動人口造就了中國當時前所未有的經濟成長。反觀現在，中國不但正在老化，也沒有日本的財富以及健康，而這年頭中國許多工作仍需靠勞力、人力。反觀中國的對手美國，則走在一條不同的路上。

中美比一比

美國人口結構一向與眾不同，富裕國家中，美國的生育率是很高的。中國目前人口約為美國的四倍，但是到了本世紀末，中美之間的人口差距將會減半，除非美國關上移民大門。

我們可以從左頁這張圖表中一窺接下來幾十年的世界地緣政治局勢。此圖表顯示，中國勞動年齡人口正在減少，歐洲也一樣，美國則保持穩定。

金融危機以前美國國內人口持穩，生育率為二點一一。其中一個原因是美國移民人口比例高，移民多為大家庭文化。美國百分之二十三的新生兒來自生於國外的女性，總人口中卻只有百分之十三是移民。

美國女性第一胎的時間比其他經濟合作與發展組織（Organisation for Economic Co-operation and Development，OECD）會員國都還要早：美國女性初為人母的年齡平均為二十六歲，英國是二十八歲，義大利則是三十一歲。美國只有百分之十四的女性沒有子女，英國為百分之十八，德國則是百分之二十三。

中美勞動年齡人口變化預測

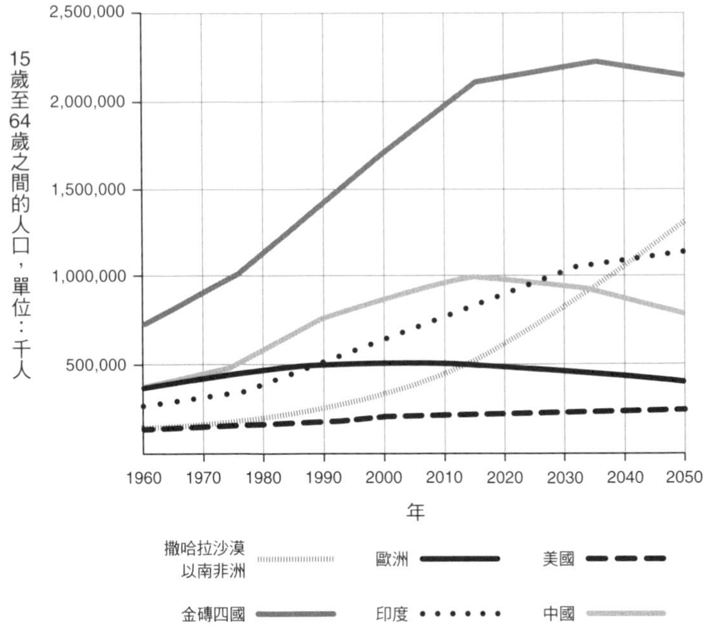

但是美國也有黑暗面。美國人的預期壽命遠不及其他富裕國家，其中一個原因是美國肥胖人口太多，無法克服中風這個死因。而在現今，美國出生起算的預期壽命已經連續三年下滑，這是從美國愛滋病疫情大爆發以來預期壽命首度下降，其中一大原因就是「絕望而死」（deaths of despair），此術語由普林斯頓大學（Princeton）教授凱斯（Case）和迪頓（Deaton）賦名，表示因自殺、酗酒或用藥過量而死亡。這是貧窮和不平等帶來的一大挑戰。

二〇一七年，美國生育率創下了四十年來新低，只有一點七六。這究竟是危機後的暫時現象還是新的趨勢，仍無從得知。二〇〇六至二〇一三年間，美國境內墨西哥人的生育率掉了三分之一，經濟壓力是原因之一——而這個狀態也尚未復原。若要靠移民魔法拯救生育率，就必須要有源源不絕的新移民，因為第二或第三代移民通常會被新國家的文化同化，開始發生少子化。也因此，提倡築牆的總統是自討苦吃，因為人口就是強大的地緣政治武器。

印度：教育女性

根據《經濟學人》（The Economist）的民調，目前印度夫妻心目中的理想家庭要有兩個孩子。這規模比英美兩國人心目中的理想家庭還要小。五十年前，生物學家保羅・埃力克（Paul Erhlich）在其著作《人口爆炸》（*The Population Bomb*）中預測了大饑荒，五十年後的今天，印度年輕人口的成長卻相當緩慢。平均每名印度女性只有二點三個小孩——錫克教徒、耆那教徒或基督徒的生育率會稍微低於平均；印度教徒的生育率則會高一些；穆斯林又更高。

印度不須靠一胎化政策，就可以走上少子這條路。印度政府當然也用各種不同方式來宣導小家庭。出現有線電視的偏鄉地區的生育率降低了，因為寶萊塢肥皂劇中有許多角色是沒有子女的獨立女性以及都市小家庭中的時髦母親。印度觀眾會以劇中的人物替自己的孩子命名，也逐漸難以忍受家庭暴力並開始避孕。而印度並不孤單——巴西也有非常類似的現象。

印度仍在努力對抗著貧窮以及低識字率，而與此同時，都市化、日漸繁榮的社會、公共衛生以及最重要的教育，似乎已成了強效避孕藥。

新加坡：單身不擔心

「對我們的父母輩來說，生孩子很重要，」一名三十多歲的新加坡公務員向學者喬爾・克特金（Joel Kotkin）表示。克特金對年輕的專業人員進行了大規模訪談。「但是我們現在會對家庭做成本效益分析，我們看得到家庭的成本，卻看不到家庭的好處。」

這種駭人的務實主義可見於亞洲許多地方，尤其是房價特別高的地區。新加坡、東京、香港、上海和北京這些世界生活費最高的城市有著最低的生育率絕非偶然。新加坡政府現行的「婚姻與育兒配套措施」（Marriage and Parenthood Package）提供有兒家庭相當不錯的津貼。但是這套措施也不是那麼管用。許多胸懷大志的年輕人較專注於事業：在新加坡，三十至三十四歲之間、有大學學歷的人中，三分之一為單身，該國生育率則為一點二。

現代上班族好像不擔心老了以後會沒人照顧。在亞洲許多地方，親密的傳統家庭模式正在瓦解。人際網路的組成現在朋友多、親戚少——這種現象也強化了不生孩子很正常的觀念。

歐洲：還在等待真命天子？

「資本主義＋無神論＋女性主義＝不育＝移民。」二〇一七年，朱利安．阿桑奇（Julian Assange）發了這一則推特文。阿桑奇是維基解密（WikiLeaks）的創辦人，也是名逃犯。「歐盟生育率＝1.6，生育替代率＝2.1。」他又補充。「梅克爾（Merkel）、梅伊（May）、馬克宏（Macron）、簡提洛尼（Gentiloni）〔德國、英國、法國和義大利當時的領袖〕都沒有孩子。」

這段話替歐洲的困境做了精闢的總結，對義大利尤甚。義大利有很多天主教大家庭，但其實該國現今的生育率卻是全歐最低，其中最大的原因就是年輕人的失業率。二〇〇八年金融危機之後，那段漫長陰鬱的經濟大蕭條使許多義大利人紛紛出國求職，留在國內的人則擔心自己沒有能力撫養小孩。

義大利女性平均還是希望生兩個以上，但是她們平均三十一歲才會生下第一胎——比歐盟其他國家都還要晚。其中一個原因可能是三十五歲以下的義大利男性有三分之二仍與父母同住，義大利年輕女性則多相反。政治人物給這些媽寶貼上了長不大的「bamboccioni」（巨嬰）標籤。政論家安東尼奧．波利提（Antonio Politi）認為，義大利女性無法成家是因為義大利男性要不沒法賺錢養家，要不就無法當個稱職的父親。

政府也嘗試呼籲女性早點生，卻得到了激烈的反彈。義大利衛生部長碧翠絲・羅倫欣（Beatrice Lorenzin）制定了「國定生育日」，從南到北推廣宣傳，卻遇到了反對聲浪的抗議示威。女性上街遊行，手裡舉著寫著「siamo in attesa」的牌子，這句義大利文是雙關，有「我們懷孕了」的意思，也可譯為「我們還在等待」。等待工作，等待便宜的托育服務，等待平等。仍有許多義大利女性因懷孕而丟了飯碗；四人當中會有一人在生下第一胎的一年內被解僱。女性必須上班卻又不能獲得平等對待，生育率便因此出現了問題。

德國人不生的情形與義大利不相上下。但是德國是歐洲繁榮的樞紐，生育率低比較不是因為經濟因素。「在『Kinder、Küche、Kirche』（小孩、廚房、教會）的年代，生孩子是件平常的事。」慕尼黑的小兒科醫師楊・克斯勒（Jan Kessler）表示。「但是對想要有更多選擇的世代而言，這種生活太老派了。他們想要讀書；想要有份好的工作；他們找不到生孩子的好時機。」

女性享受著成功的滋味，不想被傳統的母親印象束縛。「不會有人介意我在發展事業，」一名已婚的學者告訴我。「但是如果我把孩子送到托嬰中心，我會成為眾矢之的。」有些勇於當帶職母親的德國女性很害怕被貼上「Rabenmütter」（烏鴉媽媽）的標籤。烏鴉不顧孩子，只顧著自己吃腐肉的可怕畫面深植在許多女性的腦海裡，這些女性對於自己是否想要小孩完全拿不定主意。

德國政府育嬰假給得大方，也大規模拓展日間托嬰服務。德國目前的家庭福利開銷是軍事開銷的將近三倍（英國約為一點三倍）。這項改革是由一名身為七個孩子的母親的政府部長烏蘇拉·范德賴恩（Ursula von der Leyen）所發起，她提出育嬰假津貼，同時宣導男性應扛起一半的育嬰責任。在移民的助力之下，德國的生育率略見提高。德國聯邦統計局估計若要維持這樣的生育率趨勢，從現在起一直到二〇四〇年，德國每年會需要五十萬名移民。聽起來不太可行，因為梅克爾首相在二〇一五年向百萬名難民大開門戶，引起了人民反彈。

在兼職工作和生育福利為常態的英國，生育率較高。其中一個原因是英國移民多：在英國，出生存活的嬰兒中，百分之二十八產自國外出生的女性，而國外出生的人口則僅佔英國總人口的百分之十四。

英國也漸漸走上了一胎之路。將近一半的英國家庭，現在只有一個小孩。至於其中有多少家庭是刻意選擇只生一胎，無從得知。民調顯示英國人認為理想的家庭中，兩個孩子恰恰好，但英國的生育率卻是一點七六。

莎拉·戴維斯是名老師，她在三十五歲左右時鼓起勇氣向交往已久的男友求婚。但是男友把她甩了。戴維斯現在很擔心一切是否都來不及了。「如果我顯得過度積極，就不會有人對我有興趣。」她盯著一個交友網站，鬱鬱寡歡地說。多年來，她一直刻意忽略自己滴答作響的生理時鐘，因為她擔心男人的時間跟她不一樣。「他們沒有生孩子的動機，」戴維斯認真地說。「我要是男人，大概也會專注在事業上，在事業有成之前，都不想被小孩拖累。」近來單身女性做試管受孕的人數增加，四十歲以上女性的生育率還創下了一九四九年來的新高，可能都是因為找不到想生孩子的對象，而最大的原因可能就是男性沒有足夠的動機。

預期壽命的成長進入撞牆期了嗎？

在英國，預期壽命的數字最近急速下降，德國、瑞典和荷蘭也一樣，不過下降速度較慢。這讓保險精算師大感震驚。有些人怪罪政府縮減了公共業務預算，但這並非這些國家的共通現象；有些人認為心臟病和中風醫療的進步緩慢，才是主要原因。

二十世紀，人民的預期壽命大幅成長，是因為嬰兒與兒童的死亡率降低；但是六十五歲之後的預期壽命數字，卻幾乎沒有成長的跡象。到了一九七〇至二〇一一年間，年長者的預期壽命出現劇烈的變化：六十五歲起算的預期壽命與上一個世紀相比，成長了二十倍。主因是很多人開始戒菸，因心臟病與中風而死亡的情形巨幅降低。

二〇一一年，成長開始趨緩。「我們可能回到了二〇〇〇年以前的時代，那時預期壽命的成長速度比較平緩，」皇家銀行資本市場（RBC Capital Markets）的保險分析師戈登．艾肯（Gordon Aitken）表示。「二〇〇〇年至二〇一〇年間，越有錢的人變得越健康，但是肥胖和糖尿病也流行了起來。」

不同社經階層對這份數字的影響，至今未有共識。一份數據顯示，「舒適族群」比較不受影響，而「高壓族群」比較容易受到傷害。另一份資料則認為：所有社經階層的預期壽命的增加速度都在趨緩。

這些變化對保險公司來說至關重要，因為這也會影響到保險公司的支付。普遍來說，全民的預期壽命都已經很高。在英國，現年六十五歲的男性預期可以活到八十六點五歲，現年六十五歲的女性則預期可以活到八十八點四歲。

撒哈拉以南非洲：未來的年輕希望

撒哈拉以南非洲的人口結構很不一樣。到了二一〇〇年，該區人口預計會成長四倍至四十億，奈及利亞會取代美國成為世界第三人口大國。在舊大陸萎縮之際，年輕人口迅速成長的前景實在令人感到振奮。坦尚尼亞總統約翰．馬古富利（John Magufuli）表示他不認為有必要節育，堅稱高生育率可以振興國家經濟。

很遺憾，他可能錯了。亞洲四小龍之所以經濟起飛，是由於所謂的「人口紅利」（demographic dividend）：勞動人口快速成長使得這些國家得以快速發展、有利投資，緊接而來的生育率大幅降低，致使人才技術得以加強，生的孩子較少，父母就更有餘裕培養每一個孩子。

撒哈拉以南非洲則走在不同的路上，人口持續不斷地成長，絲毫沒有人口紅利的跡象。該區的人均收入成長相當緩慢，眾多求職者若是只有低階技能，可能就會找不到工作。此外，人口還可能會造成環境以及公共建設的壓力。

壽命延長，生育年齡卻沒有延長

對地球來說，人類生育率降低應該是個好消息。這也會帶來眾所樂見的下一波運動：女性解放。目前除了撒哈拉以南的非洲，幾乎全球的女性都紛紛擺脫了傳統角色的桎梏。嬰兒死亡率低，小家庭變得比較安全；宗教的約束力減弱；追求事業的女性更多了。與此同時，在工作機會較多的城市中，生活開銷尤其高，許多夫妻也可能選擇不生孩子，以免造成過大的負擔。

有些國家開始端出牛肉政策，鼓勵民眾生育。波蘭衛生部發表了一支很糟的影片，呼籲大家要「學兔子多生」。挪威、瑞典、丹麥、法國、德國和俄國都提供「育嬰津貼」。有些政策多少有點效果，讓法國和瑞典的生育率居全歐之冠，但並非所有女人都想要當最會生的冠軍母豬。丹麥政府的宣傳影片呼籲女性「為丹麥而生」，其實根本搞錯重點：很多女性根本不想要小孩，有些女性則是找不到可以當好爸爸的對象。

今天，女性有了更多的工作機會，但經濟壓力也與日俱增，必須要等到有了餘裕，才願意結婚生子。然而有些人一等，可能就錯過機會了。當然也有些人可能樂於擺脫生子的壓力。

在這場「人生延長賽」中，人們求學的時間拉長，離家的時間延後，可能要到三十好幾才能安定下來或還完學貸。而這時，生理時鐘卻已不等人。這種不同步，會造成千千萬萬個家庭失望、低落，也會掀起整個世代的不滿情緒。

在可預見的未來中，男性生育力可能會在四十五歲開始下滑，女性則是三十歲左右。不過這並非定論。我們其實有可能延長我們「年輕的時間」。

第二章
你沒你想得那麼老：
「老年」的定義正在改變

「我十九歲的乾女兒正在我身後看著我寫作。二一五〇年，她有機會再讀一次這本書嗎？到時她會是一百五十歲。」這是美國兩名研究老化學者下的賭注，賭金十億元。伯明罕（Birmingham）阿拉巴馬大學（University of Alabama）生物系主任史蒂芬·奧斯塔（Steven Austad）樂觀預測：二一五〇年將會出現一百五十歲的人瑞，因為當前已有突破性的實驗，能成功延緩了白老鼠的老化情形（見第六章）。伊利諾大學（University of Illinois）的公共衛生教授傑·歐爾香思基（Jay Olshansky）卻不這麼認為。歐爾香思基認為，大腦會是一個無法跨越的障礙：「我們可以換人工髖關節、人工心臟等，但是我們無法換腦。」

這兩人在二〇〇〇年做了以上這項賭注。他們分別在投資基金中存入一百五十美元，簽了一份契約，同意贏家的後代可以在二一五〇年兌現這筆基金。後來他們把賭金加倍，估計屆時兌現的人可以領到約十億美元。如果奧斯塔是對的，那麼有些人可以活到那時，見證誰贏了賭局。

就在我們坐看人類壽命是否可以衝至一百五十歲，某些更大的變化已經悄悄臨在我們身上。我十九歲的乾女兒理應要脫離青少年，成為成年人了，但她才剛上大學，學貸越滾越大，接下來的幾年之間，應該也會繼續與父母同住。這是不少人的現況，而有些專家認為：青少年階段應該要延長至二十四歲，而這也是目前英、法、德國和奧地利孩子搬出父母家的平均年齡。

澳洲教授蘇珊．索耶（Susan Sawye）認為，正確的青少年時期應該定義為十歲至二十四歲。心理師羅倫思．史坦伯（Laurence Steinberg）認為，父母在青少年晚期繼續參與孩子的生活，會帶來很大的助益，因為現在我們已經知道，人腦即便到了二十幾歲，都還在持續發展。

如果現在的青少年階段長達十四年，那麼後續人生階段該怎麼計算呢？答案是：也會跟著變長。前一章中我們看到現代人有晚生的傾向。而與此相對，成熟獨立的成年人時期也會加長。

變長的階段不是老年，而是中年

去年冬天，我的一位醫生朋友在社區診所替六十五歲以上的人們施打流感疫苗。一群銀髮陌生人走進診所。這些人以前從來不曾來看過我朋友，因為他們身體沒有毛病。

近年來，他們的總體人數有增無減。這群人不願意被貼上標籤，他們不服老，行為也不像老人，更不會購買專替老人打造的產品。

在英國，六十五歲以上、且身體機能開始出現問題的人口比例已經連續二十年呈現下滑趨勢。美國七十五歲以下的人口中，有四分之三並無聽力或視力的問題，行動無礙，也未出現認知障礙。這些人還是能為社會大大貢獻的健康公民，而不是坐以待斃的退休老人。而年齡介於七十五歲至八十四歲之間的人們，也有一半仍未出現上述問題。

老人家當然還是會忘記鑰匙，專注力也會降低。然而上述數據顯示：我們可能擔心過度了。綜合各種調查，多數人普遍認為：只要活得夠久，每個人都會得到失智症（或是阿茲海默症，失智症的一種）。然而事實上，八十歲以上的族群中，每六人卻只有一人患有失智症，也就是說，很多人根本不會罹患失智症。在丹麥、瑞典、英國和美國，罹患失智症的風險比二十年前降低了五分之一。二〇〇〇年，美國被診斷出失智症的平均年齡是八十點七歲；到了二〇一二年，攀升到了八十二點四歲，而且這時醫界早期發現失智症的診斷技術早已進步了。

專家並不確定失智症病例減少的原因，但是美國佛明罕心臟研究（Framingham Heart Study）追蹤了超過五千名六十歲以上的人，發現失智症的人口比例可以反映在心臟健康的改善上。在英國，男性失智症人口比例降低速度較女性快，可能是因為過去男性抽菸人口較多。報紙上一定還是會看到失智人口逐漸增加的新聞，但事實上真正增加的是老年人口總數，而非個人的失智風險。

「初老人」：街坊巷弄的新活力

日本是目前地表最老的社會，在很久以前就已經搭上了人生延長賽的列車。在日本，那些老當益壯、還有力氣追著孫子跑的人被稱作「初老人」；而體弱多病、需要照顧的則被稱作「中老人」。

「初老人活躍、健康又能幹——和三十年前的狀況完全不同，」東京櫻美林大學的老年學教授鈴木隆雄說。「舉例來說，現在的初老人走路速度快多了。世界衛生組織（World Health Organization）將『老』定義為六十五歲，但是我們這些老年人學者和老年人醫師關心的主要對象是中老人。從健康的角度來看，初老人完全不應該是我們過度關心的對象。」

鈴木教授在他的白板上起勁地畫著。他穿著純白色襯衫，襯著一條黑色的牛仔領帶，顯得有點俏皮。他畫了一張圖表，圖表中初老人的年齡始於六十歲，中老人始於七十五歲——他還補充：邁入中老人的年齡還可以更晚。鈴木教授把日本特有的長壽現象歸功於健全的醫療照護、社會繁榮以及營養改善。二戰後，日本人比較有經濟能力可以攝取更多蛋白質，而日本人的蛋白質主要來源是魚肉。鈴木教授表示，碳水化合物、脂肪和糖分的攝取則沒有太大變化，因為速食店在日本相對不普及。他的擔心與西方學者不同：比起肥胖，鈴木更擔心寡婦容易營養不良。（有些寡婦不能領丈夫的全額退休金，上街買菜也有困難。）

地表最高齡空姐

八十二歲的貝蒂・奈許向我說著第一夫人賈桂琳・甘迺迪（Jackie Kennedy）搭乘她服勤班機的故事。一九六五年，美國前總統甘迺迪美麗動人的妻子走上了奈許服勤的班機。「以前空服人員要戴白手套，我那時正在戴手套，沒注意周遭其他事，此時我聽見一個聲音問，這是飛往華盛頓特區的班機嗎？她很親切，完全不會要求特殊待遇。」

奈許記得那台飛機是星座式飛機（Constellation）──和她現在服務的空中巴士（Airbus）很不一樣。奈許還沒退休，應該是地表最年長的空姐。她的雇主美國航空（American Airlines）最近替她舉辦了服務六十週年的慶祝會。華盛頓特區與波士頓往返航線的熟客還帶了禮物給她。

奈許說她沒打算退休：「接觸人帶給我活力。」她說話很快、很有精神。「有時放了幾天假，我也會心想是不是可以退休了，但當我再度穿上制服，準備開車到機場時，感覺很好。關鍵在於航空公司的同事以及乘客，我知道他們的小習慣。我知道有名乘客冬天番茄汁要去冰，夏天才要冰塊。我喜歡工作。」

過去這六十年中，科技帶來了很大的改變，奈許不再需要手寫機票了，然而，人是不會變的。「對人好，別人也會對你好。每個人都需要一點愛、一點體貼。」

這份工作很耗體力，但是奈許很少偷閒休息：「若有點空閒時間，我不會坐下，我會走到機艙與人交談。下午確實是需要午睡片刻，我承認，但年輕人也一樣會累。」奈許很早起，她會先替兒子做完早餐再開一個小時的車到機場。她說回家路上確實感覺比以前累。「以前我可能會順路跑趟商店，辦點事，現在我通常只會去加油。」

她的秘訣是什麼呢？她停頓了一下，輕聲笑著說：「現在想起來，我想我的人生目標就是不要停。」奈許也會坐下看電視，但不會看太久。「總有什麼事可以做。」她沒有固定運動的習慣，承認自己愛吃巧克力，她大笑說：「我還是可以用力吸氣收小腹。」奈許似乎無意間遵守了老年生活達人的三大原則：保持活力、擁有目標、與人接觸。

貝蒂．奈許算老嗎？她想了想。「我不覺得自己像個老人。我兒子是殘障人士，所以我沒資格老；他需要很多幫助。我妹妹患有帕金森氏症和失憶症，看著她，我覺得她好老，但她其實比我年輕。」奈許不符合人們印象中的「老」，老的是她妹妹。所以究竟該如何定義老，頗令人頭疼。刻板印象已經不適用了。人類正在見證生理年齡與實際年齡的脫鉤。

新的階段需要新的指標

德國宰相俾斯麥（Otto von Bismarck）於一八八九年創立了全世界第一套國家退休制度，將退休年齡定為七十歲。但是沒多少人能領到俾斯麥的退休金，因為當時德國人的平均壽命約為四十五歲。

目前德國人平均壽命是八十一歲，德國的退休金給付年齡卻是六十五歲，而德國人平均在六十二歲停止工作。全歐洲的退休年齡都和預期壽命不同步。現今英國男性離開勞動市場的年紀比一九五〇年還要更早。

這個趨勢若是繼續下去，有些住在歐洲、亞洲某些地區和北美洲的人，一輩子會有四分之一的時間都在過退休生活。這實在很誇張。

二〇〇五年，以阿達爾・特納爵士（Lord Adair Turner）為主席的英國年金委員會（UK Pensions Commission）建議英國政府在二〇三〇年以前將退休年齡提高至六十六歲，二〇五〇年以前提高至六十八歲。但是特納現在認為當時想得仍不夠遠。英國政府目前計劃在二〇二八年以前將退休年齡提高至六十七歲，特納認為「這樣根本來不及。一九五〇年時六十五歲男性的平均預期壽命為十二年。到了二〇〇三年我們在做相關研究時，已經變成了二十年。若來到本世紀中，六十五歲的人可能還有三十五年的壽命在眼前。早在好幾年前，我們就該開始提高法定退休年齡了。」

特納說精算師壓根搞不清楚預期壽命的成長究竟有多快：「大家還是習慣假設生命有限。他們畫出的曲線圖顯示預期壽命的成長，但是曲線到了後段又會往下掉。但我們認為預期壽命其實根本沒理由下滑。」

我們看待老人與看待自己的方式會受到很多指標的影響，退休年齡就是其中之一。是時候更新這些指標了。

六十五歲的意義有了很大的改變。在一九五〇年代，六十五歲的英國女性估計還有十四年的壽命。而今天，根據英國國家統計局的資料，六十五歲的女性平均還有二十三點四年的時間可活。

但是現在許多機構都將六十五歲的公民定義為老人。德國、瑞典、加拿大、澳洲和英國的法定退休年齡皆為六十五歲，美國公民到了六十五歲也可以享有全套的老人醫療保險（聯邦健保）。理財顧問通常會在五十歲這個轉捩點開始把你的退休專案改成債券型。問卷調查最後的年齡欄位中，「六十五歲以上」常是最頂的選項，再往上就沒有格子可以勾了，彷彿六十五歲就要邁向終點了。

在英國，年滿六十歲的人都可以領取一張免費公車證。這張證叫做「老人公車票」（Older Person's Bus Pass）——讓許多活力依舊、完全有能力負擔車資的公車族感到尷尬。在美國有很多人被合理稱為「年長者」，享受著「銀髮優惠」，但這些人今天很可能都還有三十年的時間可以繼續當年長者。而這三十年中絕大部分的時間，他們都只是初老人，不是中老人。

我們是否可以不要用過了幾次生日來定義一個人，而改用剩餘的歲月來計算「老」的門檻呢？當然，這只是假設。畢竟一個人究竟還剩下多少年日，沒人知道。不過我們確實能掌握平均值。如果能用這個平均值來看待一切，事情會很不一樣。

如果我們用「剩餘壽命不到十五年」來定義老年，那麼很多嬰兒潮世代的人要到七十四歲才可以被稱作老人。在那之前，他們都只是中年人。當然，這只是粗略計算。不是每一個人到了七十四歲都還可以生龍活虎：有些人會需要照護。不過以下這個由維也納國際應用系統分析研究所（International Institute for Applied Systems Analysis）人口學者做出來的思想實驗，仍頗具參考價值。

這群奧地利學者想要挑戰歐洲普遍把六十五歲定為老年起始點的做法。首先，他們推算出六十五歲的人的預期壽命。接著他們列了一張清單，舉出通常會被與「老」連想在一起的特質，例如：思緒不如過去清晰或是依賴他人。實驗結果發現，在挪威、日本、立陶宛和美國這四個不同的國家中，嬰兒潮世代的人到了七十幾歲中期仍算中年。

用實際年齡來界定誰是「老人」非常粗糙，而首先提出這個概念的是美籍加拿大人口學者諾曼・萊德（Norman Ryder）。他早在一九七〇年代就知道預期壽命比實際壽命更能看出一個人是否需要國家的照顧，而這才是國家最關心的問題。

「如果不以年滿六十五歲做為老人的標準，而改用剩餘壽命來衡量，那麼預期壽命成長越快速，變老的速度其實反而會變慢。」維也納研究的負責人，人口學者塞蓋・謝爾博（Sergei Scherbov）說明：「兩百年前，六十歲就已經很老了。但現在我會說六十歲的人是中年人。」

謝爾博目前正與聯合國合作，計畫要用他稱做「特性對等年齡」（characteristic-equivalent ages）的概念，重新設計定義老年的指標。舉例來說，二〇一五年，六十五歲日本女性的平均預期壽命是二十四年；但是奈及利亞還有二十四年預期壽命的卻是四十六歲的女性，比日本年輕許多。為求公平，這兩組人的退休年齡不能一樣。

壽命延長了，政府在相關宣導上就需要更加謹慎，要鼓勵人民儲蓄。「我們沒必要告訴二十五歲的人理想退休年齡是幾歲。」特納說。「如果給他們一個恆定的退休年齡，等於沒告訴他們：世事難料。最好告訴他們：目前的退休年齡是六十五歲，但是這個數字可能會隨著預期壽命而變動。」特納建議提高七十歲以後的退休給付，七十歲以下的給付則透過資產調查來決定。

過時的刻板印象

公家機構釋放的訊息，使我們看不清「人生延長賽」的現實。而媒體訊息也是另一個因素，我們這些新聞人實在對年齡感到頭痛。

二〇一八年，《泰晤士報》（The Times）刊登了一位法國女性蜜蓮・德斯克洛（Mylène Desclaux）的跨頁報導，那時德斯克洛出了一本書，探討五十歲該如何展現性感。這篇報導洋洋灑灑地建議女性四十九歲後別再過生日；要她們盡量不戴老花眼鏡，戴了就輸了；還有，如果名字會暴露年齡就去改名。換句話說，鼓勵女性說謊。五十歲耶！我很好奇她給七十歲女性的建議會是什麼。

如果對某些媒體人來說，五十歲叫做老，那六十五歲怎麼辦？有些編輯很喜歡在標題上註明「老人」（pensioner），不管報導內容為何，就是要讓讀者感覺同情當事人。南非開普敦（Cape Town）最近有則新聞標題是這樣下的：「手電筒勇伯巡視犯罪熱點」（Plucky Pensioner Patrols Crime-ridden Streets Armed Only with Torch）。英國的《斯溫頓小報》（Swindon Advertiser）也登了一則「勇伯追捕扒手」（Plucky Pensioner Chases Bag Thieves），報導一名六十九歲男子緊追扒手不放的故事。想當然耳，言下之意就是六十九歲竟還有追賊的膽試與體力，令人欽佩。事實上，世界各地的「勇伯」（plucky pensioner）相關報導讓我感覺，在這場中年延長賽程中，其實很多人都膽試過人、精力旺盛、體力不減，不該被定義為老人。

媒體還有一個很奇怪的習慣，寫到年長者時會把主動語態改成被動語態。描述一位婆婆跌倒時，我們會用「She had a fall」，而不是「she fell down」（譯註：中譯皆為「她跌倒了」，但被動語態隱含傷勢較嚴重的可能）。我們為什麼這樣差別對待年長者呢？我們使用的語言無意間把人變成了較被動、無能的生物。我母親以前很討厭陌生人叫她「親愛的」（dear）：她覺得被這樣稱呼彷彿被小看了，感覺有一種老，叫做失去自我的老。

我自己也犯過相同的錯誤，在不必要的時候對年齡鑽牛角尖。訪問加拿大暢銷小說家、《侍女的故事》（*The Handmaid's Tale*）作者瑪格麗特・艾特伍（Margaret Atwood）時，我問她七十七歲竟有一百六十萬推特追蹤人數的感想。艾特伍馬上回擊：「是一百七十五萬！」我覺得好丟臉。她又接著說：「裡面有很多是機器人。看到他們傳來的訊息寫：『我好想念你的巨屌』就知道了。」她用這種方式禮貌地要我停止年齡歧視。

「大家對年齡歧視比較沒有意識。」英國照護（Care England）的執行長馬丁・葛林（Martin Green）教授說。「有些話，如果把句中的『老人』換成『同志』或是『黑人』，我們根本說不出口。有些人說老人無腦不該開車，但是其實很多十九歲的駕駛比八十歲的駕駛還要恐怖。」

「大家都排擠老人。」電視主持人瓊・貝克維爾（Joan Bakewell）說。「但我們就是老人。」八十五歲的貝克維爾是「優雅地老去」的最佳代言人。她還是很美，也完全不比從前遲緩。但她在二〇一七年主持電視節目《百歲人生》（Life at 100）的時候，總要一直不斷提醒製作團隊不要用「他們」來稱呼年長觀眾。「不應該有這種區分，」她說。「是人都一樣。」

用詞很重要。值得尊敬的長者人權運動人士，莎莉・格林格羅斯女爵（Baroness Sally Greengross）告訴我，她有個八十多歲的朋友到醫院就診時被分到「老人」病房。

「我不是老人！帶我去別的地方！」她一邊憤怒地抗議著，院方的人一邊把她的輪椅推往走廊另一端。

比起男性，女性一般比較早、也比較常受到年齡歧視。其中一個原因是我們比較在意女性的外表。價值好幾十億英鎊、打著逆齡招牌的美妝產業可能其實過大於功。我個人不覺得抗皺本身有什麼不對，但美妝保養廣告確實給人一種要不斷跟「老」作戰的感覺。如果「抗老化」與「抗老人」畫上了等號，麻煩就大了。

耶魯大學公共衛生學院（the Yale School of Public Health）的流行病學與心理學副教授貝卡．列維（Becca Levy）發現，看待老化的心態會影響一個人的身體健康。列維的團隊針對數百名五十歲以上的美國人做了二十年的追蹤研究，發現對老化抱持樂觀心態的人比其他人多活了足足七點五年之久。

然而總體而言，對老化感到悲觀的人比較多。廣播電視節目、藝廊還有博物館總是花好幾個小時煩惱該如何觸及更多年輕人——即便事實上，長輩的金錢和時間比較多，人數也越來越龐大。可悲的是，比起智慧與成熟，我們的社會似乎比較崇尚青春、科技和精力。

年齡層超低的矽谷（Silicon Valley）也是個大推手。二〇一四年臉書（Facebook）

員工年齡中位數是二十九歲，亞馬遜（Amazon）和谷歌（Google）是三十歲。大家都知道臉書創辦人馬克・祖克柏（Mark Zuckerberg）的那句知名玩笑話：「年輕人就是比較聰明！」（Young people are just smarter）。很多人沒有仔細思考這句話就照單全收——就像臉書上很多PO文，大家都也都沒有思考就照單全收。

經驗誠可貴

五十八歲的切斯利・薩利柏格（Chesley 'Sully' Sullenberger）駕駛著全美航空1549號班機，班機兩個引擎被天空中的鵝群給撞壞了，而他成功迫降紐約哈德遜河（Hudson River），拯救了機上所有人的性命。飛機在曼哈頓（Manhattan）的地平線上搖搖晃晃，最後安全栽入了兩岸間狹窄的冰冷河道中。這個英勇事蹟後來也被導演克林・伊斯威特（Clint Eastwood）拍成好萊塢電影《薩利機長：哈德遜奇蹟》（Sully）。

「也許可以這麼看，」薩利事後回想時說：「可能是因為這四十二年中，我一直定期儲蓄少量的經驗、教育、訓練。而到了一月十五日這一天，我攢的經驗夠了，所以可以一次大量提領。」

這謙虛的一小段嘉言道出了經驗累積的寶貴價值。我不是說每個五十八歲的人都是英雄的料——我也見過年輕人有不錯的想法卻因為歷練不足而得不到發光發熱的機會。但我確實感覺我們現在所處的世界對「數位技能」比較感興趣，忽略了只能靠經驗累積的判斷力。我個人並不會想搭新手駕駛開的飛機，就跟我不想讓實習醫生開刀一樣。針對同一個步驟已經操作了一千次的老手，會讓我放心得多。

有些經濟學者認為，西方世界生產力下滑背後的原因是勞動力老化。但是否有可能，部分問題其實在於嬰兒潮世代正一批批開始退休，於是把寶貴的經驗和「機構記憶」(institutional memory，集體的工作相關知識）也帶走了呢？

「我比較老派。」六十四歲的英國律師傑瑞．海斯（Jerry Hayes）述說著他當年如何讓一名年輕人免於強暴之冤獄。海斯本為原告律師，在案情膠著時接手該案。他向警方詢問是否有原告的手機簡訊時，在英國四十年的律師經驗告訴他，事有蹊蹺。警方表示未將簡訊作為證物提供給被告，堅稱內容無關緊要，但是海斯態度強硬，要求出示相關證據。四萬多封簡訊成了呈堂供證，原來這名「受害者」長期騷擾被告男子，向他求歡。該案翻盤，一樁可怕的誤審得以避免，靠的全是海斯的直覺、經驗以及堅定的信念。他深深相信，伸張正義比再贏一場官司更為重要。

你的延長賽還有多長？

在英國，若你想要大略估算自己的預期壽命，可以上退休試算網站鍵入你的基本資料。假設你是一九五八年出生的健康英國白人男性，試算網站會算出你的預期壽命是九十歲。

這數字應該頗令人震驚。多數人都太低估了自己剩餘的時間。我們總心想：「奶奶幾歲走的？」卻忽略自己已經進入了人生延長賽的時代。根據英國財政研究院（UK Institute for Fiscal Studies）的資料，五、六十歲這個年齡層的人估算自己活到七十五歲的可能性時，都普遍呈現否定。其中鰥夫寡婦尤為悲觀。

沒有人喜歡思考死亡。但是若時候未到就開始擔心死亡在即，我們就很可能會太早覺得自己「老了」。於是，錢存不夠，職涯規劃不夠長遠，坦白說就是對未來不夠積極。

當然，平均值無法反映個人的結局。長壽的因素有很多：收入、體適能，甚至連婚姻狀態都有可能影響壽命。然而，預測個人壽命最有力的指標竟是教育程度。早年受教育的時間越長，晚年可以延長的時間可能就會越多，而且延長的這段期間內，身體健康的機會也比較大。

相關數據頗為驚人。二〇〇八年，有一個以上學位的美國白人男性的預期壽命比未完成高中學業的黑人男性多了十四年。在經濟合作與發展組織（Organisation for Economic Co-operation and Development，OECD）成員國中，這兩種教育程度的男性的預期壽命有七年的差距。

比起財富，教育是更準確的長壽指標。教育程度很高的古巴雖然極為貧窮，預期壽命卻高於美國。反觀油產豐富但教育程度低的赤道幾內亞，平均預期壽命很低。教育造成的差異之顯著，甚至有位專家建議政府多投資學校，少投資醫院。

「生命機會」的地域性

我正站在倫敦聖約翰伍德（St John’s Wood）的艾比路錄音室（Abbey Road Studios）

外頭。披頭四（The Beetles）在這裡錄製了好多首暢銷金曲。四名法國遊客在黑白斑馬線上重現披頭四經典《艾比路》專輯封面動作，街上的車輛紛紛停了下來，等待他們走過。我常騎腳踏車經過這裡，常目睹許多遊客在此還原封面照片的動作。一名計程車司機和我四目相對，向我做出一個表示心累的表情。

這裡是西敏市（Borough of Westminster）的繁華區域，有紅磚房街區，也有獨棟洋房。我從艾比路往南騎去找朋友喝咖啡，並打算走我常走的路線，也就是後面的小巷。直到最近我才知道，原來這條路線橫跨了十年的預期壽命。

艾比路上女性的出生起算預期壽命約為八十七歲，男性則是八十五歲。我向南往羅德板球場（Lord's cricket ground）的方向騎到了教堂街（Church Street）區。教堂街區女性的預期壽命掉到了八十一歲，男性則是八十歲。我右轉往帕丁頓（Paddington）聖瑪麗醫院（St Mary's Hospital）的方向走，聖瑪麗是我出生的醫院。接著我又沿著運河騎到西邦爾公園地鐵站（Westbourne Park），我跟朋友就約在那裡。來到這區，女性的預期壽命已經掉到七十七歲，男性則是七十五歲。在這十五分鐘的腳踏車程中，預期壽命就出現了十年的落差。艾比路上出生長大的女嬰，平均可以比一點五英哩外出生的女嬰多活十年。

西方世界很多地方都存在著類似的落差。史丹佛大學（Stanford University）的拉吉・切提（Raj Chetty）發現赤貧與巨富的美國人的預期壽命差了十五年。但是他也發現，收入數字造成的影響似乎不及居住地區。紐約和洛杉磯最貧窮的人，比陶沙市（Tulsa）和底特律最貧窮的人多了五年的壽命。切提的研究結果顯示，在這些地區，抽菸、喝酒、壓力以及肥胖對壽命造成的影響比財富分配不均或失業還要大，雖說這兩者之間當然互相關聯。

安養院還是海灘？

亞伯拉罕・林肯（Abraham Lincoln）曾說：「到頭來，重點不在於你活了幾年，而是你在這些年，過著怎樣的生活。」相關調查中常有受訪者表示，如果活到一百歲代表人生的最後幾年過得像幽靈一樣半死不活，那麼他們並不想活到一百歲。

在多數人死於傳染性疾病的二十世紀，預期壽命攀升意味著人的健康狀態普遍有所改善。但在二十一世紀，這種關聯性被打破了，長壽增加了某些人的健康歲月，卻也增加了某些人的脆弱年日。

原因有二。首先，醫療進步代表心臟病或中風等致死疾病沒有過去那麼危險了。我們有能力維持病患的生命，病患會心懷感激地繼續走下去，但是有些人走得平平穩穩，有些人走得顫顫巍巍。第二，第二型糖尿病、高血壓、失智症、呼吸道疾病等慢性病猖獗，這類疾病通常與抽菸、喝酒以及缺乏運動有關。

新堡大學（Newcastle University）流行病學家凱羅・家格（Carol Jagger）指出：這些行為差異是某些地區比較長壽的一個原因。舉例來說，英國東南部的人可能會比英國東北部的人多享受八年行動自如的人生。

為了更了解這個問題，統計學家不僅開始紀錄預期壽命，也更進一步紀錄「健康的預期壽命」，也就是健康狀態「非常好」或「很好」的年日，以及「無殘疾的預期壽命」——可以行動自如的年日。統計學家所採用的研究方法並非完全可靠，因為資料來源是問卷，由受訪者自行回報感受。此外，他們對健康的分類太過粗略：「不健康」可能代表因關節炎導致行動比過去不便，也可能是患有早期失智症。我們需要更精確的數據。儘管如此，我們還是可從這些數據中看出驚人的模式。

教育程度較低的族群中，有人年僅四十歲就表示自己在走路、開車等日常事務中出現了「功能障礙」（functional limitation）。到了六十歲，有大學學歷的人明顯比沒有大學學歷的人健康。來到八十五歲，有大學學歷的人過半仍過著沒有功能障礙的幸福生活。接下來在第五章中也會看到，一些受過高等教育的人似乎擁有「認知庫藏」（cognitive reserve），能避免罹患阿茲海默症。

教育何以如此關鍵，原因尚不明朗。有些專家認為教育即「育成」（formative）——也許可以幫助我們更懂規劃、更自律，進而選擇健康的生活方式。教育也會影響我們從事的工作類型。低技術門檻的工作很費體力，令人神經緊繃——結果就是有損健康。流行病學家麥可．馬穆爵士（Sir Michael Marmot）在二〇〇〇年代早期對英國公務員做了一項著名的白廳二期研究（Whitehall II Study），研究結果發現，職務技術門檻較低的公務員——如收發室人員或看門人，死亡率是常務秘書或高層的三倍。他們體內的可體松濃度也比較高，可體松是壓力賀爾蒙，與冠狀動脈心血管疾病有關。馬穆的發現看似不合理，其實不然。資深主管的工時也許比較長，每天都必須完成困難的挑戰、做出困難的決定，但是基層員工的社會地位較低，較不能控制自己的工作環境，通勤時間可能也比較長。

人生本來就不公平。在人類越來越長壽的同時，教育程度低以及貧窮的人會比富人以及高知識分子更早進入「中老年」，而且落差會越來越大。曼徹斯特大學（University of Manchester）的詹姆斯．拿滋露（James Nazroo）教授發現，英國財富排名前三分之一的富人要到八十歲，才會開始經歷排名末三分之一的窮人在七十歲就開始出現的身體障礙。縮小差異，給人們更平等的生命機會，是今日社會正義的當務之急。富人和知識分子手裡已握有一些打好人生延長賽的秘訣——本書也有更深入的探討。但這樣的知識若不能普及，我們就都會成為不幸的那群人。

有一個國家已經在打頭陣。日本政府透過「健康日本21」計畫，制定出一個清楚的目標——「延長平均壽命，更要延長健康壽命」。政府各部會大臣也積極對抗他們所謂「生活習慣造成的疾病」，在各面訂出了仔細的目標，如鹽分攝取、血壓數值、每天行走步數等。各行政區也都有相關計畫，鼓勵年紀漸長的人維持體適能，少抽菸、少喝酒，好好照顧自己。

這些計畫起了作用。二〇一三至二〇一六年間，日本男性平均增加了一年的健康壽命（女性多了六個月）。這是人生延長賽的一樁美事，因為同一段時間內，男性出生起算的預期壽命增加了九個月，女性則增加了六個月。

這些計畫能成功是由於日本人自力更生的傳統心態。我所訪問的日本人中，很多人都不願老後成為孩子的負擔，也不期望國家會為他們做些什麼。他們願意試著戒除壞習慣。如果其他國家也可以仿效日本，在人生旅程中改變自己的行為，而不是只是在開頭和結尾努力，那麼我們就有機會可以縮小差距。

心態決定年齡

英國一間販售銀髮器材的新創公司「童子雞」（Spring Chicken）做了一項調查，調查中問道：「你覺得自己的外表年齡和心理年齡分別是幾歲？」五十至九十歲之間的受訪者多表示自己的外表比實際年齡略小幾歲，心理年齡則是年輕不少。受訪著年紀越大，實際年齡與感覺年齡的差距就越大。該項調查中，八十歲的受訪者認為自己的心理年齡約為五十歲。是這些人有妄想症，還是這背後有其道理呢？

童子雞創辦人安娜．詹姆斯（Anna James）說：「顧客會說：『我覺得自己才三十呢，只是現在膝蓋比較不好而已。』」詹姆斯本來在替父親尋找適合的輔助工具，在各種碰壁與挫折之下，她便創立了童子雞。詹姆斯的父親現年七十四歲，患有帕金森氏症。

她父親現在在她公司上班，負責產品測試，但連他也不願承認自己需要接受幫助。二〇一七年，詹姆斯意識到父親開始需要電動輪椅，但是父親拒絕使用。「這是一場心理戰。」詹姆斯說。她於是請父親幫忙測試電動輪椅並撰寫網誌紀錄喜歡的型號。然後，那一天終於來了。「這輪椅我可以借用幾天嗎？」父親問。「他跟我媽參加遊輪之旅的時候還帶了這台輪椅，」她說。「而且後來還賣了一台給遊輪上的一位旅客！」她父親的內心仍年輕有活力——而且還是個成功的推銷員。

樂觀的理由

人生延長賽替人類開啟了一個嶄新的階段：「初老年期」。我們需要趕緊理解這個新的現實，不能再把六十到一百歲的人放在同一個籃子裡，同時也要接受七十幾歲生龍活虎是一件再正常不過的事。媒體編輯必須檢視自己描繪「老人」的用詞，並且自問在闡述年輕時，眼光是否太過短淺、籠統。政府必須根據預期壽命提高退休年齡，並且要制定清楚的標準，如此人民才能明白，人的平均預期壽命已經改變了。而我們每一個人也都需要努力改變自己的態度。我們對「老人」累積的偏見，只會在我們自己也走到那一步的時候，讓我們自己深受其害。

關鍵是，會有多少六十歲以上的人像貝蒂・奈許一樣是精力充沛又能幹的「初老人」，又會有多少人像奈許的妹妹一樣是需要照顧的「中老人」？這個問題的答案牽動著我們的經濟未來，以及社會凝聚力。若是「中老人」人數太多，社會福利以及健保體系便會無法負荷，年輕一代就必須承擔這個壓力。然而我們若能幫助人們保持健康有活力，若能消除偏見，就可以迎接一個「中年延長的新紀元」，多數人都可以一路保持活力，直到尾聲。

我也會在後面的章節討論基因學以及腦神經科學上的突破，我們有機會可以改變年輕的定義——延長「初老年」，縮短「中老年」。但是我們並非只能坐等改變發生，我們手裡已經握有改善人生延長賽的兩把鑰匙——飲食以及運動。

第三章

運動和飲食控制：大家都想要，但需要外力協助練習

我們所害怕的老化，會不會其實「並非正常」？現代人累積的慢性疾病以及隨之而來苟延殘喘的晚年，會不會其實是西方生活習慣所造成，而這樣的生活習慣扭曲了生理老化的真實樣貌？

我們普遍認為一個人的老化與運氣和遺傳基因有關。但對多數人來說，基因只決定了我們百分之二十的命運。剩下的百分之八十與環境因素有關：飲食、生活壓力、是否活在污染的環境中，以及是否有運動習慣（以及多久運動一次）。

也就是說，我們手裡已經握有多把健康老年的鑰匙。幾十年來的研究結果告訴我們，五十歲還不需要屈服於身體的退化，如動脈、關節逐漸硬化，也不應該氣喘吁吁地迎接慢性疾病的到來。只要好好努力，到了九十歲就還可以維持相對年輕，甚至還可以

降低失智風險——關鍵在於吃得好、動得多，而且是要真的動起來。事實上，世界各地也有許多研究指出，人要不顯老，最關鍵的決定因素就是運動。

皇家醫學院學會（Academy of Medical Royal Colleges）一份名為「神奇解藥」（Miracle Cure）的報告發現，可預防疾病的四大「直接」因素為抽菸、營養不良、缺乏運動以及飲酒過量。該份報告指出：「其中規律運動的重要性最鮮為人知。然而相對來說，只要微幅提升活動量就可以達到顯著的差異。」報告的結論提到，一週五次，每次三十分鐘的中強度運動，就可以降低罹患心臟相關疾病、中風、第二型糖尿病、某些類型的癌症，甚至是失智的風險。

我們必須讓更多人明白運動的好處。

如果人生是馬拉松，我們必須衝刺

「如果運動是一種膠囊，那大家都會吃，」八十二歲的諾曼．拉撒路（Norman Lazarus）說。我們在他位於倫敦橋（London Bridge）的辦公室外，頂著暴雨走著。我打著傘，但雙腳仍濕透；他頭上頂著鮮豔的紅色棒球帽，一路抖掉身上的雨水。拉撒路短小精幹，鬍渣已白，是名長途單車手，時常一騎就是六十英哩。他週末才剛和女兒到牛津郡（Oxfordshire）騎了一百八十英哩的單車。「運動很好，」拉撒路操著濃濃的南非口音說。「對身、心、靈還有肌肉都好，你能想到的好處都有。」

拉撒路不只是單車狂熱分子，也是倫敦國王學院（King's College London）的榮譽教授，他在國王學院與其他學者做了一份共同研究，研究對象是像他一樣的業餘長途單車手。該研究中，年齡介於五十五歲至七十九歲之間的年長單車手的免疫系統、力氣、肌肉量以及膽固醇量，都與二十幾歲的人差不多。在上述幾個面向中，較年長的單車手幾乎完全沒有老化。研究員若只憑紙上的生理狀態數據，根本就無法看出他們的年齡。

國王學院的研究員相信騎單車、游泳以及跑步等耐力運動，有可能增加血液中的T細胞，進而保護我們的免疫系統。這些保護人體的白血球在我們二十幾歲開始，就以每年百分之二的速率減少，使我們越來越容易患上類風濕性關節炎等疾病。但是年長的長途單車手的T細胞數量與二十歲的人相去不遠——目前還沒有任何一種人造藥物可以達到相同的保護效果。

要符合條件成為該研究的受試者，男性要能夠在六點五小時內騎完六十二英哩，女性則要在五點五小時內騎完三十七英哩。這很了不起，何況這些人都是業餘單車手，並非專業人士。其中不少人跟諾曼．拉撒路一樣，到了五十幾歲才開始騎單車。他們都愛上了騎車。這些人受訪時表示，自己不僅可以駕馭長途車程，結束時還因為感覺通體舒暢而想再繼續騎下去。

拉撒路有一群業餘單車手同伴。每週他還會上三次健身房，做他稱為「反重力運動」的舉重。他很多朋友也都騎車，他八十五歲的妻子也不例外。「沒錯，終有一天，我們都會死，」他悠悠地說：「但目前我們沒人生病。有一天我們都會走到一個無法再抵抗感染的階段，但希望至少到了那時，可以快速了結。」他希望他和朋友們在成為「中老人」之後，有病在身的時間能盡量縮短，長痛不如短痛。

這些單車手長期堅持，是因為他們本身就特別健康，還是他們是因為騎單車才變健康的呢？拉撒路認為是後者。他堅信我們在這些單車手身上看到的就是「真實的生理老化」。

如果你想見識真實的生理老化是什麼樣子，去租艘船吧。土耳其西岸外海的伊卡利亞島（Ikaria）是美麗的希臘島嶼，島上三分之一的居民都能活到九十幾歲，失智症也很罕見。伊卡利亞的男性不常罹患癌症或心臟疾病，真有這些疾病的人，發病時間也比美國人晚八至十年。伊卡利亞人憂鬱症的病例也非常少。他們的生活多在戶外：只要生活在伊卡利亞，一天至少得爬二十個小山坡。他們的健康可能與此有關。

伊卡利亞島屬於全球的藍色慢活區，慢活區的居民都特別健康、長壽。他們身上沒有什麼特別的基因，秘訣乃在於生活方式。提到藍色慢活區，我們通常會想到以蔬食為主的飲食習慣，比較少提到運動。但不論是在薩丁尼亞（Sardinia）、沖繩或其他慢活區，這些健壯、長壽之人都有非常豐富的戶外生活。

他們不是上健身房「鍛鍊」，一邊看著音樂錄影帶一邊做重量訓練，而是從事日常生活「內建」的活動，像是其他人請汽車、掃地機器人和其他器材代勞的事務。我們現在不用打水、不用伐木、不用種菜，省下了數把小時的時間。但這種生活型態是否犧牲了我們的活動量呢？活動可以維持肌肉量，喚醒人類原始大腦的狩獵採集功能，藉此減輕壓力，也可以因此觸發體內各種化學訊號來改善免疫系統。選擇電梯放棄樓梯、寧願開車也不要走路的我們，搞不好其實虧大了。

我以前一直覺得耐力運動員都是怪人，他們要不是有特別的基因，要不就是有強迫症。但我現在有點改觀了。有群七十幾歲的美國人從一九七〇年代慢跑開始流行的時候開始跑步，從那時起便一路運動至今。在他們身上，我們看見了驚人的成果。這五十年間，他們有些人繼續跑，有的則開始騎單車或游泳，甚或是健身。他們持續從事這些運動只為喜歡，不為輸贏。

讓研究員感到驚訝的是，這些七十多歲的人的肌力簡直就是二十五歲的程度，肌肉微血管與肌肉攝氧酵素的數量也不相上下。他們的有氧能力（aerobic capability）也比同齡不常運動的人高出百分之四十。美國印第安納州（Indiana）波爾州立大學（Ball State University）學者的結論是，運動使這群男女的生理年齡比實際年齡小了三十歲。

這個大發現太重要了：它讓我們知道，每個人都還有希望。

越活越年輕？

人類一直在挑戰過去被認為不可能的體能極限。「世界老將運動會」是三十五至一百歲間業餘人士的奧運。時常可以在新聞報導中看到這些競賽創下的佳績——像是二〇一六年，日本運動員田中喜慶僅花了十五點一九秒就跑完百米。田中的表現遠不及牙買加閃電波特（Usain Bolt）在二〇〇九年柏林世界田徑錦標賽（World Athletics

Championships）創下的九點五八秒世界紀錄，但是波特當時二十三歲，田中則是八十五歲。

　　這些老將級運動員不僅維持了老年的體能表現，他們的體能事實上也一直不斷地在進步。過去四十年間，這些人在體育上的表現有「相當顯著且穩定持續的進步」。最顯著的進步見於最年長的泳客以及跑者，這些人都已年過七十五。這說出我們對「初老年」的了解仍僅是冰山一角。認真運動的人非常重視最大攝氧量（the maximal rate of oxygen consumption，或作 VO2 max）。老將級運動員最大攝氧量降低的速度是過著靜態生活的同齡人的一半。其中一個原因是，固定做有氧運動可以給肌肉帶來更多氧氣。做越多有氧運動，我們的心臟和循環系統的反應力也就越好，可以幫助氧氣在體內循環。

　　高強度運動並不能大幅延長壽命，但能帶來健康。根據一百年來的奧運比賽紀錄資料，比起一般民眾，奧運選手平均只能多活三年，但確實有明顯的健康優勢。單車選手和划船選手的健康優勢最為顯著；而高爾夫球等強度較低的運動選手也有很不錯的健康。雪梨大學（Sydney University）的安德利．鮑門（Adrian Bauman）教授和南卡羅來納大學（South Carolina University）的史蒂芬．布萊爾（Steven Blair）教授在談到這份研究時，特別強調：我們人人都能享受運動帶來的好處，贏得我們「個人的金牌」。他們也呼籲政府要更加努力推動運動風氣。

大家用不著都去跑馬拉松。體能訓練到某個階段後，就無法繼續改善健康，只能改善表現。諾曼．拉撒路說：「想想人類四萬年的演化史，當時體能好才能狩獵，但你不為了一隻獵物跑十五英哩——就為了吃這一磅肉，划不來。追個一英哩追不到，你就會停下來另覓獵物了。」

我個人並不喜歡跑步——只有跟朋友一起跑，或是一邊聽著耳機中隨機播放的流行金曲，我才跑得下去。但是拉撒路讓我很好奇，如果我們全人類都瞬間移動到一片荒漠上，那麼現在的上班族當中，究竟有多少人有足夠的耐力可以追獵物追個幾英哩？我有點緊張地問拉撒路，他覺得我的運動量夠不夠。我一週會在附近的公園做兩次英國軍事健身（British Military Fitness），可以的話也盡量騎腳踏車去開會，一週小打一次網球。不過我沒告訴他，只有不忙的時候，我才會做這些運動。「完美，」他露出了燦笑，好似我通過審核可以加入某個社團了一樣。「做妳喜歡的事。」他停頓了一下，盯著我說：「但——也不能太隨性。」

多數人缺乏的其實就是企圖心。我剛開始做本書相關研究時，還以為自己狀態不錯，現在卻驚覺自己已經掉入舒適圈了。我網球打的是雙打不是單打，而且還會搭配閒聊與卡布奇諾。軍事健身我則掉到了程度較差的組別。我流的汗沒有以前多了。

國家的健康醫療體系也不夠積極，常給年長者「不要太勉強」的觀念。但是人從五十歲開始，肌肉和骨密度就會以每年約百分之二的速率流失。我們應該要從五十歲開始加強肌力訓練和有氧訓練，但我們卻花好多時間坐著，直到現在有人提出：久坐其實和抽菸一樣危險。

不要只坐，要做

靜坐和抽菸一樣危險，這觀念乍聽荒謬，但是世界各地都有研究證據指出：若是缺乏低強度的活動，長期下來身體會受到傷害。運動可以預防一些討厭的疾病，而不動則容易讓我們罹患這些疾病。

靜坐成疾的證據實在太有說服力，所以我預測不出二十年，天天都不運動的人就會跟不戒菸的人看起來一樣傻。我們早在一九五三年就知道坐著工作很危險，當時J．N．諾里斯（J. N. Norris）和同事在《柳葉刀》（The Lancet）上發表的研究指出，倫敦公車司機比倫敦公車車掌更容易罹患心臟疾病。這是篇行雲流水的優秀論文。兩組研究對象班時相同，呼吸一樣的空氣，背景也相似。他們主要的差別在於司機整天坐著，車掌則走來走去，收票、跟人聊天。車掌無形中選擇了一份比較健康的工作。

坐著超過一小時會大幅降低體內的脂質分解酵素，脂質分解酵素可以燃燒體內脂肪，製造好膽固醇。此外，久坐還會使腿部、臀部肌肉變弱，使老人家更容易跌倒。週末運動並沒有辦法抵消我們在車內、書桌前或螢幕前久坐所造成的影響。在英美兩國，只有四分之一的人在工作日有明顯足夠的活動，澳洲則只有三分之一。年長成年人的活動量最低，英國人中只有百分之七達到一週五次的最低建議運動量。

要改善這個情形很不容易，特別對開卡車或打字維生的人。Fitbits 健身監測器也許有些幫助：一天走一萬步的人的血壓明顯較低，葡萄糖濃度比較穩定，心情也比較好。一萬步不是什麼神奇的數字，這個目標來自於一九六〇年代一間日本公司售出的第一批計步器，這批計步器的名字就叫做「萬步計」。有些人認為一萬五千步比較接近伊卡利亞人或沖繩人的每日平均步數，不過關鍵在於每天堅定持續。

會不會我們以為的「老化」其實是缺乏運動？

「我們對老化的概念很模糊，」穆爾・葛雷爵士（Sir Muir Gray）說。葛雷爵士曾任英格蘭公共衛生署（Public Health England）醫療顧問（Clinical Advisor）以及英國國家健保局（NHS）知識長（Chief of Knowledge）。他表示：「社會認為疾病、體能下降、依賴、失智與脆弱是無可避免的，但事實不然。」

七十三歲的葛雷爵士頂著一頭茂密白髮，他精瘦又有活力，完全沒打算要放慢步調。葛雷穿著一雙黑色耐吉運動鞋現身，用他粗獷的蘇格蘭口音告訴大家他是走路來開會的——我不敢問他走了多遠，因為可能會讓自己相形見絀。葛雷堅信大家都把真實老化的症狀和體能變差搞混了，體能變差的原因是活動量不足。他說：「有慢性毛病，身體有病痛的人常誤以為運動會讓身體變更差，殊不知毛病越多，就越需要加強四方面的體能：肌力、耐力、柔軟度和技巧。」有些醫生會給骨關節炎等患者下運動的處方——但其他疾病多不然。

葛雷相信，若是讓各年齡層的人都保持活力充沛，國家可以省下好幾十億的開銷。他表示：「幾乎每一週都可以看到健康醫療與社會照護開銷增加的新聞。我們常會怪罪

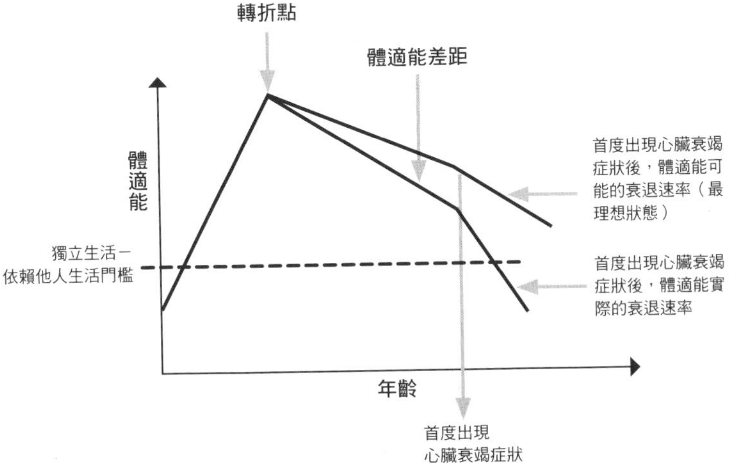

於老年人口增加，彷彿社會照護的需求是年齡增長的必然結果。但是運動就可以減少社會照護的需求。」二〇一七年，葛雷和他的同事估計，讓長輩不從獨立轉為依賴（需要請看護或入住安養中心）的「最低程度體適能改善」，一年就可以替英國省下好幾十億。

如果不努力動起來，身體就容易僵硬，肌肉張力、免疫力加劇衰退、動脈硬化等問題就會加速自然的衰老。葛雷說這是「體適能差距」，也就是體適能力與體適能潛力之間的差距。這種差距在我們三十幾歲時就會開始悄悄出現。到了六十幾歲的時候，我們可能會發現自己忽然沒辦法完成一些基本事務了：例如追公車或爬樓梯。若不警惕，我們可能就會很快變成必須依賴他人才能生活的人。

葛雷認為，不論幾歲都可以縮小體適能差距。就連九十歲的人都可以藉著少量的運動來改善肌力。三個月的平衡與步態訓練以及輕度負重訓練，都可以預防跌倒（六十五歲以上的住院病患中，因跌倒入院的人是因其他傷害入院的人數的五倍）。體適能訓練對一個人是否能夠獨立有很大的影響。

在英國，叫救護車的原因有百分之十是長輩跌倒。其中骨盆骨折的人，有半數因該次骨折開始必須依賴他人。運動可以把跌倒的機率降至一半，也可以強化肌肉以及骨密度，降低骨折機率。不管是從人道的角度來看或是成本效益的角度來看，每個社區都應該要在這方面有所投資。

運用一點想像力就可以帶來很大的改變。米拉康復公司（MIRA Rehab）使用遊戲軟體來幫助三歲至一〇二歲的人加強平衡感。其中一個遊戲要玩家用起立坐下的動作來彈琴：不同的動作可以敲響不同的琴鍵。米拉創辦人柯思敏．米哈宇（Cosmin Mihaiu）說，有位中風病患一心想演奏完整首歌，坐下起立的次數遠超過他的治療師所預期。實驗結果發現，連續十二週，一週玩三次該遊戲的人，在平衡感與疼痛減緩上有顯著的進步。

很多想運動的九十歲長輩經常必須對抗一個錯誤的社會價值觀：「運動是年輕人做

的事，老人應該要休息」。醫院開止痛藥治標，卻不提供可能治本的運動處方。在英國，每個六十歲以上的人都可以免費領取處方藥。加拿大安大略省（Ontario）也跟進，提供許多年長公民處方藥折扣。然而健身房會員要錢，物理治療也要錢。我們沒能鼓勵大家對自己的健康負責，沒能幫助大家了解自己的身體和肌力，反而鼓勵大家吃藥。這樣，就是在傳遞錯誤訊息。

如果我們認真想要讓人人都能過著充滿品質、不須依賴他人的生活，就要更加努力。我們不僅要預防高齡者跌倒，也必須延緩高齡者開始失智的年齡。過去失智症預防的重點一直在找到解藥，但醫界卻苦無進展。失智症通常是人生晚期才會發生的疾病，如果可以成功把每個人開始失智的時間延後五年，失智症的總人數就可以減少三分之一。

兩千五百名成功延緩失智的威爾斯男性

一九七九年，滿腔熱血的年輕科學家彼得．艾爾伍（Peter Elwood）在南威爾斯的山谷城市卡菲利（Caerphilly）挨家挨戶敲門。艾爾伍與他的研究團隊詢問所有四十五歲至五十九歲之間的男性是否願意每五年讓醫護人員全身檢查，並接受訪談來追蹤他們的健康狀況。

艾爾伍的團隊應該很有說服力，因為百分之九十的研究候選人都答應參與這項實驗——總計共有兩千五百名威爾斯男性參與這項健康調查。

卡菲利位在美麗的鄉間，有著歐洲數一數二的中世紀城堡，不過並非富裕的城市。艾爾伍選擇這個研究地點，只因為這裡罹患心臟疾病的人數眾多。艾爾伍的研究團隊已經證明阿斯匹靈可以預防心臟疾病，所以他想要進一步找出阿斯匹靈對哪個族群的人最有助益。研究最終失敗了，但是這項研究卻在接下來的三十五年中，讓艾爾伍有了其他更重大的發現。

我第一次讀到卡菲利世代追蹤研究（Caerphilly Cohort Study）時，感到非常震驚。我不敢相信自己竟然從未聽過這項研究。卡菲利世代研究指出，生活中簡單的改變就可以大幅降低癌症、糖尿病、心臟病、中風甚至失智的風險。研究員替每位受試者抽取血液樣本，量體重，並問了五個簡單的問題。該受試者是非吸菸者嗎？他每天至少運動或走路三十分鐘，一週至少持續五天嗎？他的飲食中，一天是否至少有三份蔬果，脂肪是否不超過百分之三十？他每天的酒精攝取量是否不超過四個單位？他的體重健康嗎（身體質量指數介於十八至二十五之間）？

接下來的三十五年中，四至五題都答是的受試者，其生活品質與其他受試者相比，實在出奇地好。他們罹患糖尿病的情況較其他受試者少了百分之七十，心臟病和中風的情形少了百分之六十，罹癌比例少了百分之三十五，而認知受損或是罹患失智症的可能性少了百分之六十。艾爾伍認為最後一項發現，可說是「挖到寶藏」。在最健康的那群人中，就算真有人罹患失智症，發病的時間也比較晚（晚了六至七年之久）。

切記，小小的改變就可以造就這樣的成果！該研究團隊並沒有呼籲每個人都變成單車手。只要你開始多走路、少抽菸、少喝酒，就可以迎來不一樣的結果。他們甚至在把一日五蔬果的標準下修至一日三蔬果，因為在南威爾斯一天要吃到五種蔬果，根本是天方夜譚！

「從卡菲利研究結果來看，」艾爾伍說：「我們可以做一個大挑戰，若能鼓勵每個人養成一個新的健康好習慣，只要有半數的人願意去做，未來糖尿病案例就會減少百分之十二，心臟病和中風減少百分之六，得到失智症的人數減少百分之十三，替國家健保局省下好幾百萬。」

然而這好幾百萬卻從未兌現。艾爾伍的研究中，只有少數人成功保持四種健康好習慣。三十五年後，艾爾伍回顧自己畢生的研究，發現該區威爾斯人的行為並沒有太大的改變。二〇一三年，艾爾伍說：「我們發現健康的生活方式比任何藥物都有效，但是大家缺乏動機。」

我們必須有所改變。艾爾伍關於失智症的發現也獲得了後續相關研究的支持。二〇一七年，柳葉刀失智症委員會（The Lancet Commission on Dementia）表示「失智症是可以有效預防的」，方法就是解決糖尿病、肥胖、高血壓、久坐和抽菸的問題。

以食代藥

二〇一七年，芬蘭老年醫學介入研究：認知損傷與失能的預防（the Finnish Geriatric Intervention Study to Prevent Cognitive Impairment and Disability，縮寫是FINGER）有了更多振奮人心的發現。研究員招募了一千兩百六十名六十至七十七歲的受試者，這些受試者經評估，被認定為失智風險較高的族群。研究中，一半的受試者獲得一般的健康建議，另一半受試者則被要求加入一個全面性的健康計畫，內容包含健康飲食、肌力訓練、有氧運動和大腦訓練。兩年後，吃得好、動得多、接受了大腦訓練的這組人在記憶測驗和心理測驗的表現上，分數高了另一組人百分之二十五。更驚人的是，他們的執行功能（executive functioning）進步了百分之八十三，大腦處理速度（mental processing speed）進步了百分之一百五十。有趣的是，這些進步不受性別、教育程度、社經地位、血壓或膽固醇值影響。

飲食是認知損傷與失能預防研究的一大重點。研究開始時，團隊建議體重過重的受試者控制攝取的熱量，減掉百分之五至百分之十的體重。下一步，研究員會要他們多吃蔬菜水果，一週至少吃兩次魚，拋棄精緻穀片改吃全穀穀片，並以植物性人造奶油取代奶油。受試者還必須把每日攝取的糖分控制在五十公克以下，並盡量少吃乳製品以及肉類食物。

這種飲食方式，類似於藍色慢活區植物為主、高纖的飲食習慣。中產階級也可以負擔這樣的飲食，不必上特別的商店採買，或是在潮流食品上花大錢。

當然，有時候健康飲食規範難以遵守，這也容易令人喪志。這邊有些不錯的飲食基本原則可供參考：（一）對心臟有益的食物，通常也對大腦有益；（二）要大量攝取蔬菜水果，多吃高纖食物，盡可能避免加工食品；（三）飲食要適度，消耗的熱量要比攝取的多。

問題在於：大家沒有這些觀念。柳葉刀失智症委員會預測，中年肥胖的情形若是增加，到了二〇三〇年，中國失智的情形會增加百分之十九，美國則會增加百分之九。這景況只有悲慘可以形容。

最大的敵人就是自己

澳洲墨爾本大學（University of Melbourne）老年醫學家安德莉雅・邁爾（Andrea Maier）教授表示：「人很懶，人類是懶惰的物種，我們必須克服懶惰的問題。」她點出兩個五十歲的人外表可以天差地遠的三個關鍵：（一）活動程度；（二）是否抽菸；（三）飲食是否均衡。

沒錯，抽菸人口逐漸減少。雖然抽菸問題開始式微，肥胖的問題趁勢而起，準備取而代之。

下面這張圖表應該可以代表我母親。她十四歲就開始抽菸，當時她在美國的修女學校讀書，抽菸是為了叛逆。一直到了七十歲，母親因動脈阻塞導致小中風才開始戒菸。放棄抽菸對她來說是一條恐怖的修行路，使用尼古丁貼片也沒有太大幫助。她一戒煙就開始狂吞巧克力，胖了將近十三公斤，原本讓她引以為傲的好身材也走樣了。她後來罹患了糖尿病，還得了血管型失智症。母親最後一次心臟病發過世後，我不禁心想，若是當初讓她繼續抽菸，也許她會過得比較快樂。與父親離婚之後，母親幾乎只吃微波食物——她說她再也不想為任何人做飯了。而且她也從來不運動：那個世代的人幾乎都不會想到要運動。

首先，我母親壓根沒有意識到究竟發生了

英國肥胖人口與抽菸人口的比例

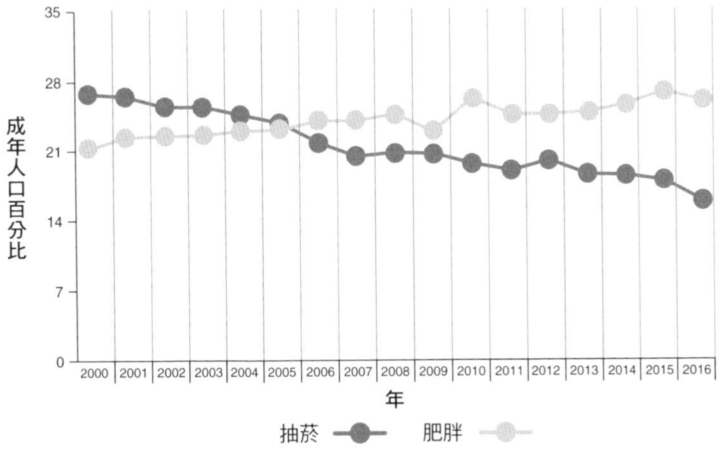

什麼事。肥胖變成了常態，若看到其他人的身材跟自己差不多，就不會發現自己變胖了。人很容易用旁人當「標準」：一份研究針對三千名家長進行研究，其中有三分之一的家長根本沒發現自己的小孩其實有肥胖或過重的問題。

有些人大聲疾呼，認為肥胖是基因問題，但是我母親那邊的家族都是瘦竹竿。隨便找一張肥胖人口分佈地圖來看，便會知道這般蔓延程度不可能是遺傳導致：肥胖侵蝕著美國各州、英國各郡以及墨西哥各區。基因是有其影響：基因使某些人較難抗拒食物、控制體重。然而真正具有決定因素的是環境——也就是飲食和久坐的生活習慣。

目前有四分之一的英國成年人、十分之四的美國成年人被診斷為為肥胖。英國人的平均身體質量指數居西歐之冠。肥胖是因為攝取的熱量比消耗的多。美國人平均攝取的熱量從一九七〇年的兩千一百〇九大卡，變成了二〇一〇年的兩千五百六十八大卡——等於每天多吃了一份夾肉三明治。運動量足以消耗這些多餘熱量的人很少，而且現在很多人都開車。

有些專家現在認為飲食控制不如是否有車關鍵。一九四九年，英國人使用機械方式通勤的路程中，腳踏車路程佔了百分之三十四；今天則只佔百分之一至百分之二。開車路程變長與變胖之間有非常顯著的關聯，因果的時間差為六年。

肥胖使人未老先衰

一份加拿大的研究指出，極度肥胖（extreme obesity）可以使人減壽八年。事實上，僅是過重就會大大影響人的老化程度。另一份研究發現，肥胖者大腦中的白質比纖瘦者少了許多。人腦本會隨著年齡萎縮，但是研究發現肥胖者大腦中的白質量與比他們年長十歲的纖瘦者差不多。認知功能是否會因此受到影響仍未知，但這應該不是件好事。

肥胖是第二型糖尿病的主因，第二型糖尿病好發於年長者。過去二十年之內，英國患有第二型糖尿病的人成長了一倍，現在這些人要花掉將近百分之九的健保年

美國肥胖與開車之間的關聯
（因果間隔時間六年）

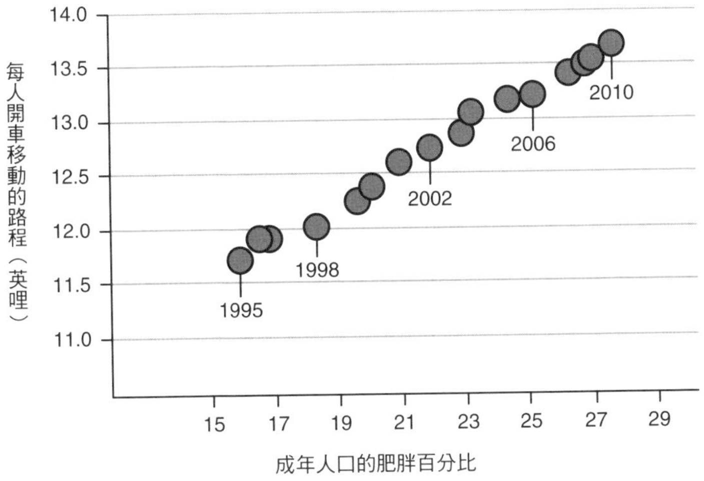

度預算。六十五歲以上的美國人中有三分之一患有第二型糖尿病。這可能會造成不堪設想的後果：視力模糊、難以癒合的傷口，腳趾或腿都有可能需要截肢。

人體攝取過多的碳水化合物，胰臟便無法分泌適量的胰島素到血液當中來調節葡萄糖，進而發展成第二型糖尿病。人體系統無法負荷就會壞掉。

胖著邁向六十大關，會累積各式各樣的問題。醫生通常不太願意太干涉肥胖的問題，因為他們覺得吃什麼是「個人選擇的生活方式」。國家健康單位花了好幾十年勸導減重，卻也成效不彰。我深深相信，減重之所以困難重重，是因為垃圾食物會使人上癮——特別是糖。

糖稅

我在英國醫院督導機構「照護品質委員會」（Care Quality Commission）擔任委員時，英國全國肥胖災情慘重。當時醫院必須為了特大號的病人加強病床。醫生拒絕替過重的病患置換人工關節，因為擔心體重壓力會造成人工關節變形。有些肥胖病患因關節疼痛而活動量降低，體重於是又繼續攀升。真是可怕的惡性循環。

在那期間，我看了美國小兒內分泌醫師羅伯特．路斯提格（Robert Lustig）教授的演講。他認為糖是肥胖的主因，因為糖和尼古丁一樣容易上癮，也會開啟行為獎賞的賀爾蒙通路。血糖過低會影響心情、專注力以及控制衝動的能力。攝取含糖食品可以反轉上述情形，但是如果長期反覆攝取，就會導致第二型糖尿病、心臟疾病以及肥胖。路斯提格教授相信，多數人無法靠意志力戒糖，因為嗜糖慾望的循環已經侵蝕了我們的意志力。

這論述對我來說很有說服力：我想到母親以糖代尼古丁的故事，母親不過就是把一種癮換成了另一種癮。這也與我的個人經驗一致。生下第三個孩子之後，我時常感到勞累，此時我的同事每天都要嗑上好幾瓶可口可樂，我便因此也染上了截稿日前要喝可樂、吃巧克力的習慣。身為《泰晤士報》的主筆，我幾乎每天都要交稿，於是我攝取了大量的糖分。沒過多久，我桌上「Green & Black's」小巧優雅的有機巧克力，就逐漸被一大條「Yorkie」巧克力棒取代了。

康乃爾大學的布萊恩．汪辛克（Brian Wansink）針對這種「無意識的進食」進行了深入的研究。在一個實驗中，汪辛克發給兩組電影院觀眾軟掉的爆米花。其中一組人拿到大桶爆米花，另一組人拿到特大桶爆米花，分量多到研究員覺得應該沒人能吃完。電影演完後，拿到特大桶爆米花的人把爆米花給掃光了——他們吃下的量比另一組多了百分之五十。受試者得知後都大感震驚。

幾十年來，我們一直被警告要遠離飽和脂肪。販售「低脂」加工食品的產業有利可圖因而興起。但這是一場騙局。要使食物美味，食品製造商在這些食物中加入了一堆碳水化合物和糖。這會使血糖瞬間飆高，而在血糖降低，大腦的神經傳遞物質多巴胺也跟著降低後，我們就會開始想要攝取含糖食物。多巴胺帶來愉悅感，也能調節我們的自律神經。食品業巨獸販賣低脂蛋糕就像是香菸業巨獸販賣低焦油香菸是一樣的：讓消費者自我感覺變好，同時卻又使我們上癮。

我希望這段話不會讓人感覺危言聳聽。二〇一五年，英國首相的另一個顧問指控我為「健康獨裁者」時，實在令我難堪。在唐寧街（Downing Street）的首相辦公室開會時，我積極提議課徵糖飲稅，甫踏出辦公室，我就得到了這個頭銜。聽到有人說我獨裁，我很震驚。但我深信光靠勸導不可能根除蔓延的肥胖問題——食品製造業者必須改變食品成分。

二〇一六年，英國政府宣布課徵糖飲稅，對抗肥胖。兩年後糖飲稅正式上路時，多數廠牌早已採取了我們樂見的行動：為節稅而重新調整成分，因此，超市架上的糖量也大幅減少了。是有些消費者抱怨味道不好——可口可樂也拒絕稀釋他們的經典可樂——但也有很多人開始轉向低糖飲料。這告訴我們，多做一點努力宣傳正確概念，就可能改變市場。

調整食品的成分比較麻煩，顯然這是因為加工食品的成分比飲料更多（做蛋糕若完全不加糖，蛋糕就會塌陷，變得像舒芙蕾一樣）。但是在這之前，英國政府與食品製造商早已開始合作去鹽加工食品，結果還不錯。只要能結合足夠的善念和政治動機，糖也許可以比照辦理。

在過往攻破香菸的政策中，課稅與漲價只是其中一部分，包裝上的健康警語以及廣告限制才是促成全民戒菸的大功臣。含糖的食品以及飲料，也需要用大家都懂的語言寫下清楚明確的健康警語，不能只用少數人看得懂的螞蟻字標籤。試想，當我們在超市穿梭趕時間時，或是臨時遇到小孩耍賴要買東西時，真的很難細看每件商品的小字標示。一名醫生最近告訴我：政府應該把重點放在父母和祖父母的肥胖問題，而非孩子身上。她說：「父母與祖父母若不先減重，小孩就不可能苗條。」

二十秒說服人開始減重

家醫說：「最後，我想談談你的體重。最有效的減重方式是參加減重計畫，而且國家健保局有在提供免費減重計畫，你知道嗎？」

病患：「是嗎？」

醫生：「是呀，你想試試嗎？我現在就可以幫你轉介。」

病患：「好呀，可以。」

醫生：「好的，拿這個信封出去找剛才替你量體重的人，他們會馬上幫你報名減重班。」

病患：「好的。」

醫生：「很好。不過我會需要觀察一下你的進展，所以要麻煩你四週後回診，可以嗎？」

這段在你穿外套、收包包時完成的簡短對話，只花了二十秒——佔不了醫生看診時間多少，卻很少發生。在英國，十個肥胖的成人中，有將近九人從未接受過醫師的減重治療建議。英美兩國的醫生都表示，要向肥胖的病患提起他們的體重問題，會感到緊張。他們不知如何開口——尤其是當醫生本人也過重的時候，更是無法啟齒。但是英美兩國在經濟合作與發展組織成員國中，肥胖的問題名列前茅。三十五個已開發國家中，美國最胖，墨西哥緊追在後，英國是第六名，居西歐國家之冠。

你可能會認為，肥胖顯然有害健康，醫生理應認真面對病患的體重問題。但是醫生卻多認為沒這個必要：因為病患要不就是不想減重，要不就是減了之後又會復胖。

事實真的是這樣嗎？蘇格蘭一組患有第二型糖尿病的受試者加入了減重計畫後，將近半數的受試者的糖尿病問題都獲得了緩解。他們再也沒出現糖尿病症狀，也不再需要服藥控制了。

經過實證，本節開頭的二十秒對話一樣有效。一百三十七名英國基層醫療醫師（primary care physician）經過訓練，一字不差用設計對話提供病患減重資訊，高達百分之八十三的病患答應參與減重計畫。一年後，這些病患每人平均減了整整十一公斤。

五百位病患中，只有一位抱怨醫師提起體重很不恰當。四分之三的病患表示自己在該次對話之前從未考慮過減重。但是當信任的醫師主動提供免費、善意、客觀的協助，他們都願意參加。在每一個病患身上投資二十秒（加上一個半小時的線上訓練），這些醫生便成了八週「全方位飲食控制計畫」的可靠引介人，該計畫有專家針對個人提供協助，不會佔用醫護人員的時間。如果這還不叫雙贏，那我不知道什麼叫雙贏。

「醫院每個部門都會有過重的病患。」牛津大學（Oxford University）納菲爾德學院基層醫療科學系（Nuffield Department of Primary Health Care Sciences）的飲食與人口健康（Diet and Population Health）教授蘇珊·傑布（Susan Jebb）說。「隨著身體質量指數升高，醫院的看診人數、家醫科看診人數以及處方籤數量也都增加了。必須把握每一次接觸病人的機會。」

傑布解釋了體重控管小組的功效。「大家來之前都先行量過體重了。」她微笑著說。「你會發現他們在想要怎麼向小組長解釋自己為什麼變輕或變重。外部責任機制（external accountability）是關鍵。藉著組織、支持以及建立習慣來減重，大家就可以做得很好。」

三十年前，醫生鮮少詢問病患是否抽菸，也不太主動協助病患戒菸。現在這已經成了醫生工作的一部分。肥胖也應該要開始比照辦理，因為肥胖和抽菸一樣，最先威脅的就是窮人。

不平等的老化

「值得思考的問題是：兩名女性，一樣九十歲，怎麼會一個身體狀態很好，另一個卻住在安養中心，行動困難呢？」雪菲爾大學（Sheffield University）社會政策／社會老年學教授艾倫．沃克（Alan Walker）寫道。「這種現象不是基因可以解釋的。」「老化程度不是先天決定的，並沒有所謂的老化基因。生物學家認為老化是環境導致，環境就是基因以外的一切事物。也就是說，我們不用坐冷板凳看著別人變老，我們可以告訴人們健康的未來有哪些條件，並確保百歲人瑞的身心靈保持在最佳狀態。」

沃克等老年學者現在越來越關心人生累積的不平等，也藉著年長者預期壽命以及健康預期壽命之間日益擴大的現象，對這個議題有更全面的了解。不是每個人都有足夠的財力、知識或是自制力來「選擇」正確的生活方式。這就是為什麼我認為需要控制垃圾食物的蔓延，同時也需要一個預防導向的健康醫療體系。

預防勝於治療

美國賓州（Pennsylvania）沙莫金（Shamokin）的蓋辛格健康中心（Geisinger health centre）很奇妙：是健保中心，也是食物銀行。二〇一六年，臨床醫師發現他們很多肥胖的病患都是貧窮線以下的人，平常很難取得新鮮又有營養的食物。於是他們決定把這些食物變成處方的一部分。

蓋辛格健康中心有個「鮮食藥房」（Fresh Food Farmacy），每天提供新鮮蔬果、全穀食品和精益蛋白質給過重的糖尿病患者以及他們的家人，一天兩餐，一週五天；也提供食譜以及營養學課程。其中一位名叫湯姆．施科維奇的病患過去毫無節制地狂吃垃圾食物以及冷凍食品，最後有了生命危險，導致腳趾截肢。在參加飲食計畫的十八個月中，施科維奇先生減掉了快三十公斤的體重，血糖值也降至安全範圍。

鮮食藥房表示，他們把病人罹患糖尿病的風險降低了百分之四十，需要住院的病患也少了百分之七十。這種做法還可以節省開銷，某些案例甚至省下了百分之八十的醫療費用。

雖然有強力的證據顯示飲食與運動可以創造奇蹟，比藥物便宜得多，副作用也少，但是西方的健保體系中，治療開銷仍遠大於預防開銷。英國國家健保局每年的治療花費是九百七十億英鎊，對比預防花費是八十億英鎊，美國、荷蘭以及挪威的比例相去不遠，澳洲的預防花費甚至更低。現代健康醫療服務機構的目標是治療疾病，並非讓人維持健康——這樣才能創造收入。

公共衛生是政府政策中的灰姑娘，財務吃緊時第一個被砍預算。計算治療病人的開銷很容易，但是要評估公共衛生投資可以帶來的影響卻頗有難度，後者的成果要經過很長的時間才能驗收，而且對政府部門政績提升沒有實質幫助。

然而，健康的員工卻是公司的財富，員工健康，缺席率就會降低，工作效率則會提升。如此一來，雇主會對「生命力」（Vitality）等保險公司的保險專案開始感興趣，這些保險會針對有益健康的行為給予獎賞，購買蘋果手錶等監測生活情況的器材也有優惠。只要有心，醫生就可以成為提倡改變生活小習慣的大使，企業老闆也一樣。

年輕的祕訣

隨著年齡增長而出現的諸多生活限制其實並非老化造成，而是生活方式所導致——這種情形甚至從三十幾歲就開始了。運動就像仙丹，可以降低罹患很多疾病的風險，甚至是失智症。相關研究歷歷可考，很具說服力。那麼為什麼運動的觀念仍不普及呢？運動不同於體育。我小時候肢體非常不協調，從來沒有參加過校隊，我父母認為運動就是把車停在路肩，下車漫步到空地的另一頭欣賞古老的紀念碑。好在我在有氧運動蔚為風潮的美國讀過書，也因此愛上了有氧。此外，我也很幸運可以嫁給一個健身狂（我們第二次約會是在健身房）。現在我靠運動來保持理智，應付三個兒子。不過一直到了最近我才真正意識到：運動真是一個很棒的投資。

我們不積極的心態；久坐的工作型態與長時間通勤；誘人的垃圾食物；壓力之下寧可開藥也不願意幫助病患改變人生的醫生——這些都在扯我們後腿，使我們無法過上更有品質的生活。「人生五十走下坡」這種普遍的迷思也是原因之一。銀髮運動員、伊卡利亞人以及伊利諾伊州那些的七十幾歲的跑者告訴我們，身體素質快速衰退並非必然。加入單車社團不能替你消除皺紋，但是只要吃得對、動起來，你就可以更有活力、精氣神飽滿、看起來更年輕。

富人早就知道運動好處多多——所以很多有錢人都有私人教練。於是出現了「中年跑步傷患」（Middle-Aged Men Running Injured，簡稱 MAMRI）這個新詞，用來形容瘋跑步的企業高層，他們在大城市中穿梭跑步來保持青春。

在這場人生延長賽，我們若因體弱多病而無法起身，就不可能打一場漂亮的勝仗。許多健康長壽的關鍵，其實都在我們的掌控之中。我們必須替各年齡層的人打造運動計畫，藉此縮小「體適能差距」。我們必須更積極處理垃圾食物的問題，就像我們當初處理抽菸的問題一樣。我們必須教育孩子，讓孩子們知道他們的預期壽命有了顛覆性的大改變，也要告訴他們該做些什麼來保障自己有個健康快樂的晚年。然而最重要的是，我們不能再繼續把「老化」與體適能變差混為一談，也應該要對未來的人生更加積極樂觀。

第四章

打消退休的念頭吧：人類進入永生工作的時代

「車老了，大家會叫你去買台新的，但是在這裡，我們會努力延長車子的使用年限，因為我們看見老車的價值。」石川稔輕聲笑著說。他輕撫過一台閃閃發亮的一九五七年豐田皇冠。石川稔以修復這種中古車維生。

七十九歲的石川稔是人生延長賽的最佳典範。他活得比當初雇用他的新明汽車創辦人還要久，連創辦人的兒子也比他早走。石川稔現在是新明創辦人的孫子近藤恭弘的員工。

「沒有人可以取代他。」近藤恭弘認真地說。對四十多歲的近藤恭弘來說，石川稔就是他敬愛的伯父。「我們也想訓練其他人來做這些工作，但是他們沒有他的熱忱。這是一個用壞就丟的浪費年代，年輕人不喜歡動手更換零件，只有他能夠構思出改造的方法。」

我人在豐田市，也就是豐田汽車在日本中部的大本營。這裡有十座工廠、豐田體育場和豐田汽車博物館。豐田市共有約四十萬居民，許多居民都在豐田汽車工作維生。石川稔手舞足蹈地說著新明如何回收所有廠牌的汽車，替它們妙手回春，也替豐田打響了名譽。石川是二十幾歲潮流人士口中的「升級再造者」，他用手邊的材料量身打造零組件，修理零件已經停產的車款。石川很搶手。他給我看他厚厚的訂單簿，上面畫著來自日本各地經銷商的破裂管件還有生鏽底盤的速記圖。

石川一點也不像維修廠的黑手。他身穿乾淨的雙色吊帶褲，頭上的銀髮分線整齊，比較像是年長賽車手。石川是笑臉迎人，總是熱情地拿資料給我看，或是向我展示他用來訓練學徒油電混合現代引擎。

每天早上他總是第一個進辦公室。「因為公司很重要。」他說。他又補充：「我每天都超級忙。」

當年，十一歲的小男孩石川稔愛上了機械。他母親以前會騎著搖搖晃晃的舊摩托車兜售甜蛋糕，那台老車經常拋錨。車一拋錨，母親就會要石川稔把車送到修車廠。起初他總在一旁看修車廠的人拆解清理摩托車，再把零件組裝回去。「後來我發現自己也能辦到，就照著我在修車廠看到的，依樣畫葫蘆。」他沒告訴母親。後來他也開始購入老舊的計程車，修理過後轉售賺錢。

石川的熱情很有感染力。幾乎每個週六他都會參加志工工作坊，教小學生設計卡丁車。「但最重要的是，要教他們禮貌。」他在快車道上駕輕就熟地開著車，準備載我去火車站，一手輕輕放在方向盤上，另一手比劃著加強語氣。「現在的小孩，你問他們問題他們都不會回答。他們需要學習聽人說話。還有，」他咧嘴笑著說：「還要學習善後、處理好一件事情。」

石川會有退休的一天嗎？「不會，」他堅定地說：「到死都不會。」在他即將年滿六十歲的時候，公司社長問他退休後有什麼打算。「我回答：『沒有什麼打算。』社長說：『既然這樣，那何不繼續來上班？』就這樣定案了。」

石川說他太太很開心他不必一直待在家裡，太太到今天也每天替他準備便當。「我很感激我的同事、工作，還有豐田。」他告訴我。

石川感覺自己受到幸運之神的眷顧，因為日本的退休年齡是六十歲，年滿後通常必須強制退休，雖然有些大公司會讓員工選擇是否願意用百分之四十的薪水多待五年。在日本傳統的年功序列制度中，強制退休也很合理，因為調漲薪資是根據年資而非表現，於是公司就會出現一群很貴的資深員工。要開除六十歲以下的人幾乎是不可能的，政府機關或是私人企業都一樣，所以退休就成了雇主解套的方法。但是在一個工作人口越來越少的國家中，這很不妙。

如果這種做法的經濟效益不如預期，那麼退休年齡（六十歲）與預期壽命（八十五歲）這兩者之間日益擴大的鴻溝，就會演變成社會悲劇。長時間投入工作的高階上班族忽然只能待在家裡，不用聯絡公事，也不會做家事，妻子充滿怨念地叫他們「粗大垃圾」（等待回收的大型廢棄物）。有些妻子甚至因為丈夫帶來的壓力而引發胃潰瘍，日本精神科醫師黑川順夫稱之為「丈夫在家症候群」（主人在宅ストレス症候群），造成銀髮族離婚率飆升。在英國和威爾斯，年輕族群的離婚率降低了，但是六十五歲以上的離婚率卻升高了。提出離婚的通常是女性，她們很害怕未來都只能看著同一個人，而且一看可能就是三十年。離婚也許可以帶來自主權，卻也可能使人貧窮，生活的壓力不見得會減少。

如果這麼一大群人可以繼續工作，也許會好些。

退休催人老？

「人到了六十歲，退休了，就會開始啥也不幹。」東京江戶川銀髮中心執行長說。江戶川銀髮中心是幫助年長者媒合工作的機構。「日本人普遍認為年長者只能被動地接受社會福利。但是這使很多人不快樂。年長公民最怕的就是只能等待別人的幫助。這樣就失去了『生き甲斐』（生命的意義）。」

「銀髮中心運動」藉著媒合兼職工作機會，幫助老年人找回生命的意義以及人與人之間的互動。

在江戶川銀髮中心，我看到一群消瘦的老太太穿著她們自己縫的碎花圍裙，圍著兩張大方桌坐著工作。其中一面牆邊放著好幾落棕色和白色的紙張。

「工作內容會一直變，」九十八歲的大畑靜枝女士說。大畑女士是這群人中最年長的。「工作讓我保持思緒清晰。」她整個早上都在綁包裝禮物要用的金色彈性緞帶，這是需要巧手的細活。這樣一來，當地的工廠就可以節省時間，員工只需要把緞帶貼在禮物上就好了。現在，綁好的緞帶一束束整齊地堆在一起，等人來運送。

大畑女士自丈夫二十年前過世後便週週來中心報到。她得轉一次公車才能抵達銀髮中心，她自己帶午飯，便當盒裡有鮭魚、蛋和飯糰。她有點不好意思地說，自己最近開始買現成飯糰，不再親手做了。大畑女士慈眉善目，臉上帶著歲月的斑點，還健康的那隻眼睛視力每況愈下，但這項工作對她來說似乎仍是游刃有餘。「很好玩，」大畑女士說。她很享受身為最年長成員所獲得的關注。「我可以跟每個人聊天。」

負責人把一堆需要接上刷柄的刷頭倒到桌上，示範的時候，大家都湊上前看。「我以前是裁縫師，這份活很適合我，」八十八歲的宮尾女士說。宮尾女士與兒子同居，會替兒子做飯，但是兒子工時很長。「我無法獨自待在家，」她說。「這裡每天都有不一樣的工作，我喜歡有點貢獻。」

這到底算慈善事業還是真的工作呢？就我目前的觀察，這些都是真實的工作。銀髮中心會派會員外出清掃公園、到工廠包裝產品，或是擔任導遊。中心最年長的會員是一位一百〇一歲的女士，負責看管福井的一個歷史建築。公司行號都由衷感謝他們的協助。四、五月是公司行號調整員工職務的時候，這時就得仰賴擅長書法的年長者來手寫正式的恭喜狀。這很費時，不但要磨墨，一筆一畫也都力求完美。而這些恭喜狀，從來都沒讓人失望過。

一九七五年，一位東京大學教授創立了第一間銀髮中心，共同創辦人除了教授，還有他的幾個退休好友，他們都希望可以補貼收入、維持健康、貢獻社會。但是相關當局強烈反對，擔心年長工作者會取代年輕的求職者。現在日本政府雖補助銀髮中心，卻仍不允許中心提供全職工作機會。銀髮中心也不能提供正式的僱傭合約：透過銀髮中心找到工作的人是銀髮中心的「會員」，只能拿「分紅」，不能領「薪水」。

這種策略聽起來有點弔詭。若是無法更有效使用年長的工作人口，日本的生產力終究會受到影響。但是江戶川銀髮中心有更遠大的目標。「重點不只是工作、賺錢，還要建立人際關係並且幫助他人。」東京江戶川銀髮中心執行長表示。當地人看到有人認真在清掃公園，就會想停下腳步與他們交談。社區居民相當感激這些人的付出，生命也因此有了意義。薪水不是一切，有地方可以發光發熱才是重點。」

顯然，這間銀髮中心是條生命線。到了東京船堀地鐵站，還要再搭一站公車才能抵達位於郊區的江戶川銀髮中心，但是銀髮中心執行長告訴我，每個月來中心報到的人數相當驚人，將近兩千四百人會來中心回報自己的工作和身體近況。東京江戶川銀髮中心執行長表示：「百分之九十三的會員都非常健康。我們相信這套體系可以幫助他們維持健康。」也許真是如此。越來越多研究指出生活目標與社交的益處。隨著年齡增長，我們可能會需要改變工作類型，但是絕大多數人都還要繼續幹、繼續賺。這是我們的保健良方。

中年創業

企業家來救援了。二〇一七年，五十歲以上的新創企業家在英國雇用的員工比五十歲以下的新創企業家還要多。而在美國，五十五歲至六十五歲之間的人創業可能性比二十歲至三十四歲的人高出了百分之六十五。

這些人創業並不全是因為興趣，也不盡然是為了鍍金名片而開假顧問公司。根據《哈佛商業評論》（Harvard Business Review），年長企業家的成功率比年輕企業家高得多。目前美國成長最快速的新創公司創辦人平均年齡為四十五歲，如果拿掉社群媒體，留下生物科技產業，平均年齡則提高至四十七歲。《哈佛商業評論》寫道：「如果現在有兩個企業家，除了年紀以外你對他們一無所知，一般來說賭年紀較大的比較有勝算。」

誠然，年輕人可能人才輩出。比爾．蓋茲（Bill Gates）、史蒂夫．賈伯斯（Steve Jobs）、傑夫．貝佐斯（Jeff Bezos）、賴瑞．佩吉（Larry Page）創業時都非常年輕，也締造了歷史。然而，成熟也有其價值。蘋果推出替他們賺到最多收入的 iPhone 的時候，賈伯斯五十二歲。亞馬遜市值成長率達到巔峰時，貝佐斯四十五歲。

然而不是每個人都明白中年創業家的價值。Y Combinator 的共同創辦人保羅．葛藍（Paul Graham）曾提到：「超過三十二歲的創辦人，就會讓投資者心生疑慮。」但排斥老屁股的投資者，可能其實虧大了。

我們現在正需要這種中年活力。一九七〇年代，退休金從維護老年人尊嚴的體制悄悄轉型成給忠誠員工的獎勵，就這樣巧妙地給了年輕人機會。儘管預期壽命變長了，提早退休仍成為一股趨勢。可以做一輩子的工作早就消失了。

到了今天，情形更是失控，長壽導致許多退休制度破產。現在紐約市的退休警察人數比線上警察還要多，花在退休警察身上的退休金也比現役警察的薪水多。二〇一七年的一份報告預測：紐約市年度退休金花費很快就會超過社會服務的開銷，成為排行第二的市政預算。

私立保險機構的退休方案也從確定給付制（退休後可以領取定額收入）變成了確定提撥制，也就是說，未來實領的給付存在著不確定性，工作者必須承擔風險。有些人因為不確定自己能活到幾歲，便開始盡量減少開銷，國家經濟因此受到阻礙。也有些人發現實領的退休金，比預期的少。

令人焦慮的窘境

政府在提高退休年齡時相當謹慎，深怕流失越來越多的銀髮選票；但是政府也意識到，公民接收錯誤訊息而對這個世界有錯誤期待，是政府的責任。金融危機之後，有十八個經濟合作與發展組織會員國提高了退休年齡，但是提高的程度與預測的預期壽命成長，並不成正比。

最直接的解決方法，就是讓更多人繼續工作下去。從以下各國的例子可以看出，繼續工作完全可行。在紐西蘭，五十五歲至六十四歲的人口中，仍在工作的人口佔百分之七十八；瑞典是百分之七十六；冰島則是百分之八十四。英國與澳洲卻只有百分之六十四，美國則是百分之六十二。這些國家的就業機會並沒有顯著差異：英國目前的失業率是歷史新低。上述國家人民的工作能力以及健康狀態也沒有什麼太大差別。如果英國的就業率可以趕上紐西蘭，就可以增加將近百分之九的年度國民生產總額。（值得一提的是，紐西蘭和北歐國家都相當重視彈性工作以及數位技術訓練——這也是年長者表示自己欠缺的兩個要素。）

長壽經濟學者安德魯・梅森（Andrew Mason）和羅納・李伊（Ronald Lee）估計，若是在二〇一〇至二〇五〇年間，德國、日本、西班牙等「年長國」的退休年齡可以每十年延後二點五年，就足以補償人口改變造成的經濟影響。

勞力工作逐漸減少，於是我們可以合理假設身體健康的人可以工作得更久——不過前提是要能找到工作。

「退而不休」成為新潮流

「我當時非常害怕，」蘿拉・多布斯說。多布斯原本在美國賓州擔任銷售主管，七十歲時退休了。「我知道自己遲早要離職，這是份吃力不討好的工作，但這份工作也是我不可或缺的一部分。我最大的恐懼是不再受到重視。我心想，終於我也要被束之高閣了，我要失去身分了。」然而，現年七十五歲的多布斯剛在家附近找到了一份兼職工作。「我就是不想放棄，」她說。「被需要的感覺很好。」

許多年長者悄悄展開重返職場運動，多布斯也是其中之一。英美兩國人中，有四分之一的人在正式退休後開始回到職場。原因有經濟需求（許多是背負房貸的男性）與心理需求（對責任以及同伴的渴望）。一份調查發現，有許多人是在被詢問「能否幫忙」之後進而重返職場。澳洲「退而不休」的人數比例較低，大約只佔百分之十。

「退而不休」的人多為高知識分子。能力越好的人越容易找到工作，似乎也越想要工作。蘭德機構（RAND）的美國人工作情形調查（American Working Conditions survey）發現，擁有大學學歷的退休人口中，有百分之六十表示，若找到合適的工作就願意重返職場。沒有大學學位的退休人士，卻只有百分之四十有這種想法。這也不讓人意外。如果你膝蓋不好、同事惡劣，唯一的工作選項就只有當收銀員，在人生下半場「找到自己」這種勵志文可能無法引起你太大的共鳴。

許多研究指出，如果你享受你的工作，也會想念職場上認識的人，那麼你在退休之後，健康就有可能出現問題。在工作內容與自我認同和自信心有密切關係的眾多專業領域中，這種情況很常見。我那些活躍的六十歲朋友似乎都很會善用人生延長賽，這些人也都仍持續工作，雖然他們現在的工作不一定和五十歲時的工作一樣。

當然，這並不是放諸四海皆準，如果你工薪很低、工作內容重複性高、壓力又大，就又更難說了。專家認為對痛恨自己工作的人來說，放棄對他們有益——若能運用延長賽的時間來加強體能的話又會更好。但即便是這群人，專家也不建議這輩子再也不工作。蘭德機構的經濟學者妮可・邁斯特（Nicole Maestas）博士追蹤了一群從高壓又費勁的工作中離職的人，這些人的「職場人際關係或是緊張，或充滿敵意」。他們離職後先是感到精疲力竭，然後才會慢慢復原，邁斯特建議復原之後就可以重振旗鼓，重拾工作了。

但要如何重返職場是個問題。一位專家告訴我：「如果你想要留在職場就不要退休，因為回去比留下困難。」

隱藏的失業人口

五十八歲的大衛・威爾森已經兩年沒有工作了。他被公家機關解僱，接替他的職位的是個年輕人。「離開越久，要重返職場就越難，」他說。「不管我申請什麼工作，對方的回應都一樣：『其他符合條件的求職者有比較近期的工作經驗。』我已經快要放棄了。」

相關研究也證實了上述情況，有些雇主寧可雇用沒有相關經驗的人，也不要待業超過一年的人。美國密西根（Michigan）也演著相同的戲碼，六十二歲的麥克・亞克被通用汽車（General Motors）解僱後便一直找不到下一份工作。「我還健康，」他向路透社（Reuters）表示。「我什麼都做——學習新技能之類的，都好。但是就是沒有機會。我不期望高薪，不過也不願意做一小時只有十美金的工作。」

如果大衛・威爾森和麥克・亞克都放棄找求職，失業人口就不會計算到他們兩位。這點出了一個很重要的問題：有多少正式退休的人其實並不甘願？路透社／易普索（Reuters/Ipsos poll）在二〇一四年的一份民調發現，自認為「退休人口」的美國人中，高達百分之四十的人表示寧願繼續工作，百分之三十則表示若出現合適的工作機會就願意繼續工作，然而有百分之三十四的人已經放棄求職了。

工作機會顯然與居住地有關，卻也受偏見影響。一份又一份的調查顯示，我們常認為年長員工比較遲鈍以及「資歷太好」（overqualified）；較常請病假（雖然事實相反）還有排斥訓練（很難證實，因為年長員工很少有機會受訓）。年紀大的人比心猿意馬的年輕人更忠誠，但是就連忠誠也可能變成扣分項目——他們就像是一群埋頭苦幹，沒其他地方可去的人。

英國安格利亞魯斯金大學（Anglia Ruskin University）的研究員進行了一項假履歷求職實驗，實驗發現，比起看似能力相仿的二十八歲求職者，年長求職者得不到面試通知的可能性是四倍。美國一項類似的實驗則顯示，比起二十九至三十一歲間的假求職者，六十四至六十六歲間的假求職者收到回覆的比例少了百分之三十五，四十九歲至五十一歲間的假求職者收到回覆的比例則少了百分之十九。

二〇一八年，英國國會某個委員會整理出，超過一百萬名五十歲以上的人才因偏見和過時的雇用標準而被白白浪費了。該委員會發現公司行號的徵人廣告常提到「朝氣」、「熱情」、「活力」，於是年長者的履歷就被篩掉了。英國非營利銀髮服務組織「Age UK」的代表說明：「雇主心裡想的其實並非『我們不要老人』，他們想的是：『我們想找有甲、乙、丙特質的人，套用這些標準後剩下的履歷通常都不是年長者。』」

也有更明目張膽的案例。美國加州陪審團在審消防隊隊長喬治・克里（George Corley）的案子。克里五十八歲時，帶著三十八年的完美服務紀錄被開除了，取而代之的是年紀小他不少，經驗較不足的小組長。法院得知聖貝納迪諾郡消防單位（San

Bernadino Country Fire Service）用一種叫做「高速公路療法」（freeway therapy）的手段，把員工派到通勤時間較長的偏遠地區——藉此讓他們主動退休。陪審團最後判克里先生勝訴，他也順利在別的行政區找到了工作。

不管這些行為是有心還是無意，若不能想辦法處理這些偏見，我們的經濟產值就會受到限制。

你可能想問，自動化的時代來臨，為什麼要為了老人勞心費神呢？厲害的科技大刀闊斧地在各產業砍人，用演算法取代人力，既然如此，我們難道不該讓年輕人有工作優先權嗎？

年長勞動力讓年輕人找不到工作的觀念，是很大的偏見。經濟學家抨擊這種觀念是「勞動總和謬誤」（lump of labour fallacy），因為一個經濟體中的職缺數並非固定不變，而且年長與年輕的勞動力無法立即彼此取代。第二次世界大戰後，勞動市場湧入大批女性，但男性並未因此而失業，經濟反而有所成長。一般來說，職場中有很多年長者的國家，年輕人的就業率也比較高——反之亦然。一份研究發現，從中美兩國四十年來的資料來看，雇用年長者並不會改變年輕人的工作機會或是薪資。

然而矛盾之處在於：第四次工業革命開始，人工智慧、大數據和機器人即將轉變我們的生活方式，人口卻出現了專業技術缺口。在英國，三分之一的專業護理師會在接下來的十年中紛紛退休，而務農人口有半數已經超過五十歲。

機器人確實會威脅我們的工作機會。但隨著人口老化，雇主要找到足夠的人力將會越來越困難。

機器人來了，但是人類越來越少了

二〇〇七年，德國丁格芬（Dingolfing）寶馬（BMW）製造廠的管理團隊開始感到憂心。丁格芬不僅是寶馬三、四、五、六以及七系列完成組裝的地方，也替勞斯萊斯（Rolls-Royce）製造車身。這些都是精確工程打造出的高品質產品。

丁格芬傳動工廠負責人尼卡拉斯．包爾（Nikolaus Bauer）以及該廠主管發現工廠的勞動力正在老化。德國商會預測德國製造業很快就會流失四十萬名技術工人，他們知道人才庫正在萎縮。

組裝車體和汽車組件很耗體力，也需要高度的專業技術。包爾和工廠主管並不想因為年長員工的力氣和柔軟度已大不如前就放棄這些專業人才。該廠是德國下巴伐利亞（Lower Bavaria）最主要的雇主，所以他們也感覺自己對社區有責任。於是他們進行了一項實驗，實驗結果證明，我們對年長員工的刻板印象幾乎都是錯的。

包爾和工廠主管選了條組裝後輪軸變速箱的生產線，把這條生產線變成「年長生產線」。他們換掉該線的作業員，使半數以上的組員超過五十歲，平均年齡則為四十七歲。接著工廠舉辦了工作坊，在工作坊時詢問員工哪裡疼痛、哪裡不舒服，問他們工廠可以做哪些改變來改善這些問題。頭幾個建議中有一個是把地面換成木板地，藉此減少靜電的發生。工廠後來加裝了可以轉動的理髮廳座椅來避免拉傷，也準備了放大鏡來因應作業員視力衰退。最後工廠共為該生產線做了七十項改變來提升生產力，其中包括更頻繁的工作輪調，藉此避免身體上的職業傷害。

這項計畫起初並沒有得到太大的共鳴，就連年長員工自己也不看好。大家戲稱這條生產線為「退休生產線」——直到某天主管親自加入生產線每天在廠內的例行伸展操。沒過多久，整間工廠都搭上了伸展操的熱潮——本來不看好這項計畫的人也閉嘴了，因為實驗結果實在太出色。

新年長團隊的工作速度比該生產線原本的團隊還要快。這條生產線的生產力提升了百分之七，缺勤率從百分之七降到了百分之二，低於全廠平均值，組裝瑕疵數也降為零。當初沒有人預想到會有這種結果——就連員工自己都始料未及。而且改變的成本真的沒那麼高：大約只要四萬歐元。招募、培訓新員工的花費比留住舊員工多太多了。

寶馬的實驗告訴我們：科技進步可以徹底改變人類從事困難勞動工作的能力。福特（Ford）汽車目前也在美國某些廠測試穿戴式輔助背心，讓各年齡層的勞動員工舉東西更省力，避免肩膀受傷。另一面，寶馬的例子也說明了歸屬感。這條生產線是寶馬員工親自創造的。許多員工表示自己比過去更有活力，我不認為這僅是因為他們的膝蓋不痛了。員工出勤率確實變高，工作速度也變快了，這可能是因為員工感覺到被需要，他們認為自己對公司的前景至關重要，而不只是一群等著退休的傢伙。

老闆的角度

「我一向反對用出生年月日來淘汰人，」克萊斯勒（Chrysler）的傳奇總裁艾科卡（Lee Iacocca）如此回應《連線》（Wired）雜誌的專訪。「工會很愛說：『給年輕新血留點機會，職缺真的不多。』這是什麼爛政策。克萊斯勒有四十歲但做起事來像八十歲的員工，也有八十歲的員工，但四十歲辦得到的事他都能做。有年紀才有經驗。何況，人要到了大約五十歲才會了解世界到底是怎麼運作的。」

年紀一直都不是理想的表現評量指標。所有主管都一定遇過艾科卡先生口中那種「四十歲但做起事來像八十歲」的人。沒錯，有些主管甚至還會替他寫名不符實的推薦信，引薦他到其他部門。他的表現如此平庸，早該被淘汰了。但是多數人不喜歡衝突。

年長工作權益運動常講得好像六十歲以上的人都是國寶級資產。但這是本末倒置，事實並非如此。七十歲的克萊兒還很硬朗，她到新公司上班時，年輕的同事都心存質疑。克萊兒告訴我：「這間公司才剛開除了一個六十歲的蘇，說她很沒救。同事怕我會是下一個蘇。能怪他們嗎？」

對主管來說，員工工作表現出現問題時，退休就成了最便利的處理方法（如果當初有人可以不厭其煩地直接跟蘇溝通，而不是在年度績效評估時給她一個普普通通的評語，她搞不好有機會改進）。讓人退休也是一個節省成本的方法。當資深員工開始在工作崗位上渾水摸魚，卻又期待一直加薪時，雇主就面臨了世紀大難題。就算公司的階層制度沒那麼明顯，我們還是有根深蒂固地認為年長就是資深，薪水就是比較高。但如果我們每個人都想要工作更久，薪水根本不可能一直無限上綱，這樣我們會貴到被迫退出勞動圈。

面對現實吧，徵人啟事中的「活力」二字其實就是在暗指「年輕」，也在暗指「便宜」。這樣說也許有失公允，但是若真心想要幫助年長者，就必須認清現實。

日本的強制退休年齡有諸多缺點，還將年長員工減薪合理化了。這種手段很拙劣，我並不建議。美國和歐洲有年齡歧視相關法律，公開討論某人是否該退休或是接受較低的薪資會有點危險。在出現一個可以討論這些議題的安全空間之前，有太多人會因為變老而被淘汰。美國的健保費用由僱主支付，年長員工的健保費可能可以多達年輕員工的五倍。史丹佛長壽中心（Stanford Longevity Center）的總監蘿拉．卡斯滕森（Laura Carstensen）教授表示，自己曾召集企業老闆開會討論該如何從年長員工身上獲得更多經驗。但開會結果令她大吃一驚：會議桌上這些高層，幾乎所有人都想要知道如何讓年長員工優雅退場。

僱傭關係是雙向的。前面提到的英國議會委員會堅持：雇主若雇用五十歲以上的員工，一定要在錄取時馬上保障他們彈性工作時間。我實在想不到其他讓雇主更不願意雇用年長者的方法。當然有些公司會祭出這種政策來吸引人，這尤其吸引需要照顧年邁父母的員工。但是堅持給所有五十歲以上的人特殊待遇，反而更讓人感覺這些人不太一樣、需求很多。我們該做的，其實是努力讓大家了解這些人沒有不同，和其他人一樣好。許多千禧世代的人也想要彈性工時：為什麼只針對五十歲以上的人呢？到了五十幾歲，孩子都大了，搞不好這時才開始想要全心投入職場。

一心想著自己預計退休的年齡也很危險。如果你打算六十歲退休，你在五十五歲就會開始出現養老心態了，你的雇主可能也會有相同想法。波士頓學院退休研究中心（Center for Retirement Research at Boston）的主任艾莉西雅・蒙奈爾（Alicia Munnell）建議所有五十歲以上的員工：「留在現在的公司，不要把自己丟到求職市場中。告訴你的雇主你打算長期在這裡服務，也願意受訓。」她給打工族的建議也一樣：「如果你認為這只是短期的工作，工作就會變得無聊，然後你就會丟掉手中的飯碗。」在彈性工時才合理的聲浪中，這也是一種不錯的觀點。

站在客戶的角度想

倫敦有著全球規模名列前茅的銀行和保險公司，在這個步調超快的大城市中，白髮常代表你快被淘汰了——或者，你已經是董事會的一分子。但是英國英傑華人壽（Aviva UK Insurance）執行長安迪．布里格斯（Andy Briggs）卻希望公司可以有更多銀髮族。

二〇一八年三月的某個週五午後，倫敦無處不在談論性別薪資差異的問題。三年前，英國政府要求公司行號回報兩性員工的薪資差異。再兩週就到截止日了。附近很多銀行都很擔心他們提供的數據會怎樣被解讀。

但是布里格斯在意的卻不是這件事。英國英傑華人壽早就公布了他們的性別薪資差距數據，他們在這方面的表現比絕大多數金融服務公司都好。這位執行長煩惱的是另一種差距：不是性別差距，而是年輕人與年長者之間的差距。

安迪．布里格斯要求公司五十歲以上員工的佔比增加百分之十二，並且要公佈員工的年齡數據來監測成長速度。這項計畫若能成功，那麼到了二〇二〇年，英國英傑華一萬六千名的員工當中，就會有四分之一的員工超過五十歲。

為什麼要這麼做呢？英傑華和寶馬一樣看出了潛在的技術缺口：「英國每年有一百

五十萬人離開勞動力市場，卻只有七十五萬人進入市場，」布里格斯邊說邊在咖啡桌下方伸展雙腿。「英國脫歐之前，移民可以填補這個空缺，但是脫歐使這個問題浮上了檯面。」他也深刻意識到很多退休人士可能會面臨的困境：「我們是退休金保險公司，我們看到了工作更久、存更多錢的必要性。」

但這不只是數字的問題。布里格斯相信「員工背景越多元，判斷能力就會越好」。他也說年長者對公司比較忠誠：「二十幾歲的人五年內離開公司的機率是五十歲的人的四倍。」

布里格斯告訴我肯恩的故事。肯恩以前是公務員，他在五十六歲時加入了英傑華的壽險理賠團隊。「致電該團隊的通常都是六十幾歲的人，」他解釋道：「有的是親近的人過世了，有的是本身病危。很辛苦。」英傑華的員工大部分都比顧客年輕許多。「肯恩從我們的年輕員工身上學到了數位技術，」布里格斯說：「但他也幫助年輕員工了解來電的顧客。整個部門也因此變得更好了。」

英傑華五十歲以上的員工中，有五分之一需要照顧年長的親戚，所以英傑華現在大方提供這些人各種有薪假、無薪假。「不會有公司對有孕在身的員工說，生產當天可以請產假，但是前後兩天都要來上班，」布里格斯強調。「這是一樣的道理。」

英傑華也在找其他吸引年長求職者的方法。「我們看了一下公司的廣告，」布里格斯說：「廣告圖片上的人都很年輕、體態姣好、面帶微笑。我們不希望五十多歲的人看到廣告後心想『這不是在找我』。」所以現在英傑華的廣告圖片中也出現了年長者的照片——一樣面帶微笑。

重新規劃職涯時程表

剛開始做本書相關研究時，有個發現令我相當震驚——幾乎所有的數據資料都把五十歲當作「年長勞動力」的起點。感覺五十歲好像成了下坡的轉捩點。但對許多人來說，五十歲的人生其實才走到一半而已，距離職涯的終點也還相當遙遠。

若要妥善利用延長賽的時間，就必須要重新規劃職涯時程表。三十埋頭苦幹、四十「事業有成」、五十登峰造極的觀念仍非常普遍。這很恐怖。首先，很少有人會在還能做好多事的五十歲就轉求平穩。再來，這會把我們職涯中最緊繃的階段和人生中該「養兒育女」的階段硬擠在一起。

二十幾歲到四十幾歲的父母，通常會經歷一段睡眠不足、需要接送小孩的時期，緊接在後的則是孩子的青春期。但這幾年同時也是工作壓力最大的時期。在英美兩國，有大學學歷的男性的收入會在四十八歲達到巔峰，女性則是三十九歲。如果到了這個年齡你還沒登峰造極，確實會感覺此生無法攻頂了。

雪上加霜的是，許多大企業仍認為三十歲左右的員工是公司的新星，三十幾歲是晉升為合夥人或是接受領導人培訓的時機。情勢緊張，許多野心勃勃的人緊踩著事業加速器不放，於是在三十幾歲這個階段，陪伴家人的時間少之又少，接著到了六十歲的時候，明明精力還充沛卻被公司拋棄，兒女也已經不需要他們了。

這種體制會使多數人對自己沒能做的事感到懊悔。傳統的職涯時程表會使人才庫大幅萎縮，不想照表操課的人都會被排除在人才庫之外。這對女性尤其不公平，因為照護的工作仍大多落在女性肩上。而且現代人比以前長壽，晚年的日子又比前人健康，這種體制根本不合理。

我認識很多能力很好的女性，她們非常討厭只有不斷往上爬才是進步的觀念。人生確實存在這樣的階段，但應該要按照我們自己的時間表來走。我自己特別受幸運之神的眷顧，第一個孩子出生後我便辭去了公司的工作，改行做記者。接下來的十四年中，我一週工作四天，為人母的同時還可以經營新事業，而且我的上司都很棒、很支持我。一直到我家第三個孩子滿六歲，我才開始重拾全職工作。

在這過程中，我深切意識到：要當一個稱職的母親，就必須放棄升遷。我先生沒日沒夜地工作，又經常出差，我感覺如果自己肩負更多責任，好像這個家中的什麼，就會永遠崩壞。報業還算仁慈，但我知道有很多其他專業的女性因為孩子年幼時不願意升遷，導致最後永不得翻身。對很多人來說，國外差勤是個殺手。一週工作五天同時持家可能還行，但若一天到晚出國，這個家就會分崩離析。

因為養兒育女而浪費掉的人材非常可惜。有幾間放眼未來的法律事務所和銀行率先提出了「回歸政策」來支持、鼓勵有專業技能的女性在長時間離開職場後回到工作崗位。資誠（PwC）會計師事務所估計這會替英國經濟增加十七億英鎊的產值。但是祭出這種政策的企業少之又少，而且專業能力相較不足的女性勞工未能享受類似的措施，但她們才是最需要這種政策的人。

如果五十歲是一個轉捩點，那麼是否可以有一套「職涯中期體檢」（Mid-Career MOT）來幫助我們了解自己目前處在人生的哪一個階段？我們在高中時期做完性向測驗會獲得職業建議，但那個年紀什麼都還搞不清楚。既然如此，何不給已經有工作經驗、知道自己擅長什麼的人一些建議呢？職涯中期體檢提供了一個正面的角度來思考人生延長賽：評估技能、健康以及財務情形，同時也讓大家理解，五十歲的人大多還在職涯中段，還沒開始走下坡。

日本銀髮中心已有類似服務。他們不只幫忙找工作，還扮演了經紀人的角色，依照每一位服務對象的技能以及經驗設計履歷，媒合職缺。這也在在證明：尋求職涯協助，永不嫌晚。

跨世代勞動人口

一九九六年二月八日，死之華樂團（Grateful Dead）作詞人／網路運動人士約翰・佩里・巴洛（John Perry Barlow）參加了在瑞士達沃斯（Davos）舉辦的世界經濟論壇（World Economic Forum）。實在很難找到比他和世界商務名流更格格不入的人。巴洛是個五官粗獷的嬉皮，穿著一身黑，曾與心理學家提摩西・李瑞（Timothy Leary）一起嗑迷幻藥，也是電子前哨基金會（Electronic Frontier Foundation）的共同創辦人，該基金會是很有分量的數位權團體，提倡網路自由。巴洛也是個厲害的文字鍊金術士，很有遠見。某天他在阿爾卑斯山上的飯店房內寫下了撼動全世界的字句，那是給美國政府的一封信，題名為「網路獨立宣言」。

「工業世界的政府，疲憊的鐵血巨人，我來自網路世界，也就是意志的新居，」他寫道。「我僅代表未來，請過去放過我們。我們不歡迎過去。在我們所聚集之處，你們沒有統治權。」

巴洛爭取網路自由的論述鏗鏘有力，宣言中這句話也是：「你們害怕自己的孩子，因為在他們原生的世界中，你們永遠只會是移民。」

這句話在世代間劃了一條難以抹去的界線。這條界線隔開數位時代土生土長的數位人以及數位移民——也就是成年後才開始熟悉科技的人。這個強勁的概念道出了重要的真理，但是這個概念卻也成了頗具殺傷力的偏見，被用來藐視「移民」，認為他們永遠無法習得足夠的數位知識，永遠無法搞懂這一切，只能望塵莫及——就只因為他們比較年長。

我認識的雇主常私下告訴我，他們很怕年長員工「搞不懂」社群媒體。年長者本身也很擔心自己缺少科技知識，擔心自己一輩子學不會，因為他們只是「移民」。有些人甚至害怕到不願意嘗試。科技用語甚至和學歷一樣，提高了入場門檻，也和種族歧視一樣令人心痛。

一名七十二歲的企業主管在一個平均年齡只有二十九歲的非營利企業貢獻自己豐富的專業能力。她向我坦承：「員工對科技的了解比我強多了，他們很願意教我使用Skype等我以前從沒碰過的東西。他們會說『妳學得很快，比我們想像中快多了』。說實話是有點瞧不起人。這些聰明的年輕人好像覺得我能力還行，但相關經驗不如他們多。可是他們一點也不懂管理，我懂。」

她也感覺到用語上的代溝。「千禧世代很愛把『性質』加在詞尾，」她困惑地說。「他們會說功能性，而不說功能。我們經常對彼此說『我聽不懂你在說什麼』。」結果，她感覺這些年輕人不知道該拿她怎麼辦：「他們好像不太敢反駁我——但我寧可他們反駁我。」最後她選擇另謀他就。

這些差異不該就此定調。但是若不能打開天窗說亮話，就會更難讓不同世代的人在一個屋簷下工作。

關於「多元年齡勞動力」的優點，討論度越來越高。美世顧問公司（Mercer）的經濟學者海格・那爾班提恩（Haig Nalbantian）發現較年長的勞動力在處理某些事務的時候速度較慢，但是情緒比年輕勞動力穩定，也較擅長掌控緊張情勢。年長者和年輕人一起工作的時候，失誤減少，生產力卻增加了。德國馬克斯普朗克協會（Max-Planck Institute）的艾克瑟・布許—祖潘（Axel Börsch-Supan）也有類似的發現，他認為就與客戶互動這方面來看，生產力其實會隨著年齡增加。美國連鎖藥局 CVS Health 目前積極想要招募五十五至九十九歲之間的員工來對應顧客年齡。

當然有利就有弊。研究員發現年齡差擴大可能會導致仇視。舉例來說，年長者得到了資訊科技或業務等眾人心中的「年輕工作」，或是反過來年輕人快速升遷，做到資深主管或財經相關等「老人職位」，可能就會有人抱怨：「嗯……他有辦法勝任嗎？」或是「呃……他不會太年輕了嗎？」對企業老闆來說，這是一個大雷區。

自由業人生

「這樣很自由，這樣我才能保持年輕，」六十四歲的肯恩・巴利拉斯說。我正與其他優步（Uber）乘客共乘著他的福特林肯城（Lincoln Town）在舊金山穿梭。巴利拉斯開優步的收入不如過去做物流穩定，但是他喜歡自己管理時間。巴利拉斯先生正在存錢買新船——他的興趣是釣魚。但是他覺得就算賺夠了，自己還是會繼續工作——至少會做到優步開始使用自駕車。「我喜歡聊天，」他微笑著說。「機器人不會告訴你我剛剛做了什麼跟黛安娜王妃有關的事！」

二十一世紀可能會慢慢變得和二十世紀初一樣，多數勞工都是自由業者，同時服務許多不同的客戶。三分之一超過退休年齡的英國人目前從事自由業。四分之一的美國優步駕駛超過五十歲。在英國，名字絕妙的新創公司「退而不休」（No Desire to Retire）專替五十歲以上的人接案。在美國，六、七十歲的保險從業員可以透過雪倫・艾米克（Sharon Emek）創辦的「銀髮員工在家辦公」（Work At Home Vintage Employees）工作，也可以藉由七十六歲的亞特・科夫（Art Koff）創辦的「退休大腦」（Retired Brains）找到工作。

不過，零工經濟究竟代表剝削或是自由，全取決於你的談判能力。參加我哈佛讀書會的一個學生說的一番話讓我久久無法忘懷。他說：「我父親的工程公司有很多年長員工退休後又回來當顧問。但是做櫃檯的愛麗卻沒機會回來。秘書芭芭拉也是。為什麼大家不能有同等的機會呢？」

在人生的延長賽中，專業人士可以「退而不休」，成為成功的企業家，領取津貼。但是缺乏專業技術的人卻可能會提早退休，也比較不容易存到足夠的錢來過退休生活。就算他們沒有被科技取代，也沒有足夠的人脈可以找到其他工作。不分年齡，缺乏專業技術的人的前景似乎很不樂觀。真正的差異在此——不是年輕人與年長者之間的差異，而是有技術有人脈與沒技術沒人脈之間的差異。

在這個新世界中，越來越多人會像演員一樣，在沒有保障的生活中，到處試鏡不同的角色。也許我們是像演員一樣需要經紀人替我們行銷，捍衛我們的權益；也或許可以有新創工會，讓做著不只一份工作的人，都能共享人脈資源。

我們可能也會需要辦公地點、一起工作的人，以及辦公室設施。年長勞動力也開始加入如雨後春筍般出現的共同工作空間——像是倫敦的「第二個家」（Second Home）、巴黎的「StationW」，以及多倫多的「同伴共同工作空間」（Camaraderie Coworking）。第二個家的創辦人羅漢·席瓦（Rohan Silva）發現在二〇一七年，六十歲以上的申請者多了百分之四十。「相關數據讓我們大吃一驚。」他說。「這群人顯然沒有要放慢腳步的意思，他們打算運用我們提供的空間與社群來幫助他們創立新公司。」

要所有人都工作更久，公平嗎？

人生變長了，所以要大家待在工作崗位久一點似乎很合理，這樣退休人生與工作人生的長度比才能與前幾個世代相同。但是如果人的長壽程度並不平等呢？

富裕國家中，富人與高知識分子勞動力的預期壽命比窮人多了大約十年，也比較健康。如果要所有人都工作更久，有些人的退休時間勢必會縮短。

美國的國家科學院（National Academies of Sciences）正在進行一項很有意思的研究，叫做老化美國人口的長期總體經濟（the Long Run Macroeconomic Effects of the Aging US Population）。該研究探討日益擴大的預期壽命差對聯邦福利制度的給付有何影響。經過研究員的估算，一九六〇年出生的人口中，收入排名前百分之二十的人，一生領取之給付的稅後淨益，比收入排名後百分之二十的人足足多了十三萬美元。雖說賺最多的富人一生繳的稅也比較多，但是他們光靠長壽就可以領到更多的社會安全福利。薪資較低的人可以領取額外的失能給付，但是這仍不足以補償對他們比較吝嗇的福利制度。

許多政府已經用平均預期壽命（所有人的預期壽命加總後再除以人口數）提高了退

休年齡。但是政府並未審慎考慮到，不同群體之間的死亡率可能會有很大的差異。若是退休年齡一直上修，我們就必須找到保護窮人的方法。美國國家科學院（The National Academies of Sciences Commitee）發現，要重新找到富人與窮人之間的平衡，唯一有效的政策就是減少收入排名前百分之五十的人的社會福利。全民福利制度一路走到今天，這會是一個劇烈的改變，但這才是我們必須認真考慮的改變。

全民基本收入（universal basic income，簡稱 UBI）這種比較極端的概念最近頗為流行：支付每一個人生活基本定額，這樣就可以終結東拼西湊的複雜社會福利。支持者認為這樣可以減少不平等，提供一個安全的平台，讓人生階段的轉換變得平穩。全民基本收入表面上很誘人，但卻所費不貲——芬蘭最近才在試辦之後宣告放棄。此外我對這個政策還有另一個疑慮，那就是我認為「不要擔心，不用工作我們也會付你錢」是件很可惡的事。我寧可試著讓每個人都能夠繼續工作，工作對心理健康有很多好處，不該加速大家離開工作崗位。但要達成這個目標，就要重新大幅調整教育體系。

第四次工業革命與第四期教育

我邀請新加坡副總理共進午餐時，沒料到我們最後會聊到花藝。尚達曼（Tharman Shanmugaratnam）是為聰明伶俐、能言善道的政治人物，在新加坡擔任過許多部會的部長，一向非常關注社會流動的議題，他說：「新加坡人國民認同的基礎，就是每個人都有往上爬的機會。」尚達曼在二〇一四年啟動了「未來技能計畫」（SkillsFuture），這是全世界最有抱負的學習計畫，可以同時處理老化和工作型態改變帶來的雙重挑戰。

新加坡並不需要重新設計教育體系。他們的學校令世界稱羨，在國際學校評比排行中總是數一數二、名列前茅。但是新加坡人口正在快速地老化。新加坡目前八人中有一人超過六十五歲，短短的十五年內，就會變成四人中有一人超過六十五歲。尚達曼提出的解決方式是打造終身學習功績制度，讓人們的未來不受青少年時期的成績所限制。在未來技能計畫中，每一個超過二十五歲的公民都可以有五百元新幣（約三百二十英鎊）的額度來支付計畫認可之課程費用。這個額度不會過期，政府也會定期替你加值。四十歲以上的人還可享有額外補助，贊助員工進修的雇主也享有折扣，不管是時尚或區塊鏈，員工想學什麼都可以。

但是在聊到這事時，我們倒抽了一口涼氣，因為我們都知道這個計畫非常昂貴。政府開可以累積金額的終生支票給公民，就連百年人瑞也可以兌現，這種概念相當不可思議。「但你們不會想花錢讓九十歲的人學花藝吧？」我團隊中的一個人大膽提問，用他想得到的最無用技術來舉例。尚達曼露出微笑。「如果這讓人有事可做，讓人保持思緒清晰，可以考慮。」他發自內心地說。「改變國民的心態比實際的投資報酬率更加重要。」他說的確實沒錯：在歡樂的環境中學插花的寡婦會比較快樂，而且比起孤獨地看著窗外的寡婦，插花的寡婦可能不會花政府那麼多錢。

尚達曼意識到學習必須是一個持續的過程，所有年齡層的人都要學習，而不是只有年輕人或年長者閉門造車。開始永不嫌早——尚達曼的政府也提供學習遲緩的學齡前兒童豐厚的補助——而停止也永不嫌晚。

「三階段的工作人生再會了，」安德魯．史考特（Andrew Scott）和林達．葛瑞騰（Lynda Gratton）在《100歲的人生戰略》中寫道。兩位作者都認為「教育—工作—休閒」這種老舊的模式在現今這個長壽時代已經不適用了。每個國家都需要屬於自己的未來技能計畫：年齡不是問題，興趣和性向才是關鍵。

情商與智商一樣重要

一九九五年，《紐約時報》（New York Times）作家丹尼爾・高曼（Daniel Goleman）在他的著作《EQ：決定一生幸福與成就的永恆力量》中，將「情緒商數」的概念發揚光大。他在書中描述同理心、聆聽以及尋求職業與人際關係的動機的重要性，情緒商數（EQ，emotional quotiant）和智能商數都是成功的關鍵。

人工智慧和大數據已經接手了許多認知相關工作，所以高曼想傳達的概念似乎又比過去更加重要了。舉個例子，我們已經知道人工智慧可以比醫生更準確地診斷、預測某些疾病。醫生不會消失，但是我們會越來越重視醫生看診的禮節、同理心，還有解釋複雜機率問題的能力，因為基因檢測已成趨勢。醫生的情商很寶貴，智商亦然。

有個職業一向最重視情商，那就是照護。隨著人口老化，照護員的需求會大幅增加，而照護員最需要的技能就是機器人無法提供的情緒韌性、直覺，以及同理心。我也會在第八章針對這點有更深入的討論。但是從事照護工作的人卻常被瞧不起，被認為「沒有專業技能」，因為他們的專長很不「學術」。

我在二〇一三年走訪英國各處時親眼見證了這個情形，那時我接了英國衛生部的案子，必須到處訪問資淺的護理師還有照護員，撰寫檢討報告。我認識了上百名在醫院工作的優秀護理師、照護人員以及居家照護者。要走進陌生年長者的家中，與長者建立關係並幫助他們洗澡等，需要無比的心理成熟度與韌性，我深受感動。但是醫院中有些資深護理師和醫生很瞧不起資淺的醫療助理，認為他們「只是」泡泡茶，把病人抬下床，或協助病人進食，讓我震驚又生氣。這些照護員才是花最多時間在病床陪伴病人的人，如果出現什麼問題，最快發現的應該也是他們，病人有沒有安全感全仰賴這群人。

好醫院願意提拔後進員工，會觀察他們在病房的表現。但是現在要求專業護理師具備大學學歷，等於把升遷的梯子就這樣踢翻了。在傳統的大學體制中，學業表現不佳的女性（多為中年婦女）沒有太多機會。她們一手提拔孩子，家務也打點得很好，還能照顧年邁的雙親，但是她們缺乏「學術」經驗，所以無法升遷——即便他們擁有病人最需要的同理心。

情商的培養會需要非常不同的教育方式，不同於記憶事實以及加強認知技術。但是傳統的大學教育不可能培養情商，因為傳統體制要維持校譽，所以有嚴格的入學機制。英格蘭銀行（Bank of England）首席經濟學者安迪．霍爾丹（Andy Haldane）認為我們需要的是「多元大學」（multiversity）——有多元入學評分機制的全齡教育機構，提供技術、情緒技能之教育，而非僅傳授「認知」技術。在這個時代，這種觀念非常正確。「多元大學」可以給學業成績較不理想的人重新來過的機會，有授課影片、線上測驗，還可以在大規模網路開放平台課程（massive open online courses，簡稱 MOOC）和其他用戶聊天。但最重要的是，多元學校要能替我們累加技能，而不是提醒我們有所不能。

不退休的時代

對我們很多人來說，六十歲、六十五歲或更早退休，會變成過時的觀念。經濟要繁榮，我們要繼續參與其中、從事生產，這種觀念就必須淘汰。好員工久留，企業便受益——這些員工也會開始反映客戶的年齡。企業執行長可以從改變自己對職涯時程表的定義開始做起，提供員工職涯中期體檢，接納想要回到職場的才華媽媽（或爸爸）。

這不是叫我們死守同一份工作。美國人所謂的「過渡工作」（bridge job）也許會成為我們的事業第二春——平行移動，跨足新領域。年長員工的技術在甲公司也許不受重視，在乙公司卻很有價值：英國一間集團超市現在會雇用其他公司退休的高層來擔任葡萄酒專家，與客戶溝通。這些退休高層也不介意降職；他們喜歡與人談論自己的興趣。

顯然，資深或是人脈廣的人比較容易轉職。中階主管和基層的角度可能是不同光景。隨著零工經濟的到來，我們會需要所謂的新創公司工會來協助大家轉型。日本的銀髮中心是鮮為人知的楷模，許多人從中受益匪淺。

在邁入第四次工業革命之時，我們需要第四階段的教育來指引我們。第四階段的教育應該要根據腦神經科學來設計——也就是在學習模式上的最新發現。

第五章
新的神經元：
讓老腦更新，保持最佳狀態

可惡！我又打錯老鷹了！電腦上出現的不是令人興奮的羽毛炸裂畫面，而是無情的「嗶」一聲。

我坐在電腦前，試著要打中藍天裡一直閃出的鳥。這些鳥都是灰色的，翅膀向外伸展開來，但我的目標是鳥群中顏色較深的那隻。我找到目標的速度越快，牠們出現在螢幕的時間就會越短。我其實是跟著眼動軌跡在按滑鼠，我卻幾乎沒有自覺。

這是大腦訓練遊戲《鷹眼》（HawkEye）。在我玩過的遊戲中，鷹眼不算特別有趣，但是這款遊戲保證可以訓練我的大腦反應力。試玩研究發現，玩這類遊戲達到一定時數的年長者發生的車禍事故較少，甚至罹患失憶症的風險也明顯較低。

「每週都會有人問我，玩填字遊戲可以嗎？」發明鷹眼的假設科學企業（Posit

Science）執行長亨利・曼奇（Henry Mahncke）說。「我的答案是，不行。沒錯，你會去思考——你試著想要重新排列字母拼出答案或是找出同義詞——但是這並不能提升大腦的反應速度或是準確度。要達到這個目標，就要挑戰自己。」

現在，線上腦力訓練遊戲已成了一個產業。截至目前，話題的成分還是大過科學，不過其背後的科學藏著一個非常核心的關鍵：這是一個新知，人類在體驗世界的時候，其實一直在重塑腦細胞之間的連結，以及事實上我們可以藉著行為改變大腦。

終其一生，人的大腦都不斷地在變化、開發，這個革命性的發現可以大大改變我們面對老化的態度。

這麼多年來，我們一直認為腦細胞數量在出生時就定好了，會隨著年齡增長而慢慢減少。我們以為大腦會在成年後定形，老狗無法學會新把戲。於是我們也懶得訓練年長員工了。我們先入為主地認為，六十歲以上的人學法文只是為了興趣。我們認為記憶衰退是必然的。甚至有人說，每個人都有一個預設的「快樂設定點」（happiness set point），無法改變。

這都是錯的。

腦神經科學家很早就知道人類的腦細胞（神經元）自出生起就會把我們的所見、所聞、所嚐、所觸、所嗅與累積而來的記憶和經驗結合在一起。科學家也知道這些神經連結會彼此堆加，藉此幫助我們學習。然而整個二十世紀內幾乎所有人都堅信這種「神經可塑性」（neuroplasticity）終結於我們兒時。當時人們根本無法想像成年人腦中約一億個神經元所形成的一百兆種連結，居然還有辦法洗牌。

看看學校教科書中五顏六色的大腦圖解。不同腦區標註了他們掌管的功能。這個區塊是「味覺」、那個區塊是「記憶」。腦部顯影甚至可以讓我們看見大腦哪個特定區塊可以解決邏輯問題，或是在人群中辨識熟悉的臉孔。這意味著若是該區出了問題，你就會喪失該區掌管的能力。但是從這些簡圖中，無法看出我們在二十一世紀已經弄清楚的觀念，也就是大腦無與倫比的適應性。

大腦的真相很振奮人心。甚至在七十歲癌末病患的大腦中，也曾找到新的神經元。另有某個腦區因中風受到永久損害的案例，因為腦部其他區塊介入協助而得以康復——就宛如飛機乘客跑到駕駛艙替失去意識的機長操作飛機一樣。科學家正在尋找幫助精神疾病患者的新方法，希望藉由讓腦中某些迴路冷靜下來再重新建立腦神經連結，幫助病患克服症狀。而七十歲的人也可以學會第二外語。

要享受人生延長賽，就需要把我們的心理壽命延長至與生理壽命相等。腦神經科學目前仍未能回答一切問題，但是確實也提供了一些可以幫助大腦進步的指引，並且告訴我們要用對待身體的方式來對待大腦——大腦是可以改善的系統，不是支配我們的神秘器官。

神經可塑性簡史

小小的金絲雀以及一位名叫費南度・諾特邦（Fernando Nottebohm）的賞鳥狂熱分子，造就了今天的腦神經科學家。諾特邦在阿根廷的一個牧場長大，喜歡養鳥當寵物。後來他特別喜歡會唱歌的鳥，很想知道牠們在對彼此唱些什麼。這促成了一九八三年一項突破性的發現，這項發現最後改變了我們對大腦的認識。

大多數的鳥類每年都唱著相同的歌來吸引配偶。但是諾特邦注意到金絲雀和班胸草雀就像暢銷金曲製作人一樣，每年都會寫新曲。諾特邦在他洛克菲勒大學（Rockefeller University）的實驗室中研究這兩種鳥的大腦，發現金絲雀的大腦在每年開始唱歌的春天都會變成將近兩倍大，在交配季節即將結束、回到安靜狀態時，又會縮小。這些鳥掌管唱歌與學習的腦區會製造新的腦細胞——也就是神經元。

成人腦中長出全新腦細胞的現象叫做神經元生成（neurogenesis）。諾特邦起初提出神經元生成論時，受到很大的質疑，因為神經元不像細胞，不會分裂。後來才有研究發現人腦中有神經元幹細胞的庫藏，神經元幹細胞可以轉化成其他細胞。但是當時還沒有這個知識，所以許多專家並不認同諾特邦的發現，認為這幾隻吱吱叫的小鳥只是特例。

十年後，科學家證實了成年人的大腦也可以生成神經元：發生的位置就在海馬迴。形狀像馬蹄的海馬迴是記憶生成的重鎮，位在大腦深處，皮質層底下。海馬迴使我們可以學習新資訊，統整這些習得的訊息，再把它儲存在長期記憶中。這是一個龐大的建檔系統，也儲存著物品位置的記憶。若沒有海馬迴，我們便會記不得自己住在哪裡、找不到鑰匙。阿茲海默症患者之所以想不起許多事情，是因為阿茲海默症最先衝擊的就是海馬迴，接著才會影響大腦其他區塊。

需要記得很多事情的動物的海馬迴比較大，例如松鼠。松鼠會在夏天藏匿堅果，待冬天再挖出來；或是倫敦的計程車司機，他們必須通過「知識大全」（The Knowledge）考試：背下查令十字地鐵站（Charing Cross）向外六英哩範圍的兩萬四千條街名和五萬個地標。艾莉諾．馬奎爾（Eleanor Maguire）和她在倫敦大學學院（University College

London）的同事進行了一個為期五年的研究，發現這些計程車司機後側海馬迴的灰質比一般公民多得多，甚至也比倫敦公車司機多，因為倫敦公車司機只需要跑幾套固定路線就可以了。

馬奎爾的核磁共振掃描影像證明，成為計程車司機的人的海馬迴並不是一開始就特別大，而是學習街道名的過程使其長大。換句話說，認知練習可以使大腦有實質的改變。這個發現意義重大，因為這代表就算年齡增長，我們還是可以訓練大腦。

教大齡老鼠玩新把戲

弗瑞德．蓋吉（Fred 'Rusty' Gage）教授和他的同事傑德．坎伯曼（Gerd Kempermann）在美國加州拉荷亞（La Jolla）的沙克生物研究中心（Salk Institute for Biological Studies）打造了一個老鼠的迪士尼樂園，裡面有滾輪、球、隧道，還有好多老鼠可以彼此交朋友。他們發現這項設施大幅增加了老鼠腦中新神經元的數目。四十五天後，這些老鼠製造的新神經元比從前多了百分之十五——而且這些新神經元存活了下來，沒有死去。

在較年長的老鼠身上一樣可以看見驚人的變化。十八個月大的老鼠（等同於六十五歲的人類）在這座樂園中，海馬迴產生的新神經元數目是在一般鼠籠老鼠的五倍。樂園中所有年齡的老鼠的大腦都逆齡了。

科學家一開始並不確定是樂園中的哪一個環節（和其他老鼠一起玩、試玩新玩具、或是在滾輪上奔跑）製造出最多的神經元。後來發現運動（在滾輪上或隧道奔跑等）帶來的影響最大。鼠籠裡有滾輪的老鼠所產生的新神經元是缺乏活動的老鼠的兩倍。看樣子動起來不但可以使我們長肌肉，還可以使我們長大腦。

甚至有實證發現，這些老鼠學習走出迷宮的能力，也比養在無趣環境中的老鼠好。另一個較殘忍的實驗中，老鼠被丟到水深高過身長的水缸裡，缸中只有一處有個水底平台。小傢伙們死命滑水，一直滑到腳碰到底下那塊平台。後續測試中，跑滾輪的老鼠想起平台位置的能力明顯較佳，很快就能成功站立並獲救。

另有研究發現，滾輪上的老鼠產生的樹突比缺乏運動的老鼠多得多。樹突是神經元上凸起的尖端，用來接收其他神經元的訊息。這是重大發現，因為神經元的樹突會隨著年齡衰退——也會影響學習和記憶。

有氧運動也對人腦有益。研究發現，一群參加了為期三個月的有氧健身課程的年長者，大腦容積有非常顯著的成長，而另一組做伸展和雕塑運動的人則未見相同效果。原因可能是有氧運動促進血液循環，可以把更多氧氣帶到海馬迴。運動也會刺激腦源性神經滋養因子（brain-derived neurotrophic factor）的生成。腦源性神經滋養因子又名BDNF蛋白質，是神經元生成的關鍵。

用進廢退？

大腦時時刻刻在製造新的神經元，但是神經元也會死亡，半數神經元甚至在生成後幾週就死亡了。諾特邦的唱歌小鳥就是這麼回事，牠們每年春天都可以譜出暢銷金曲，但是每每入秋就江郎才盡。滾輪上的老鼠的模式也很類似：牠們產生的新腦細胞比缺乏運動的老鼠多，但是這兩組老鼠腦細胞死亡的速度卻差不多。

要延長新生腦細胞的生命，最好的方法就是藉由學習新事物，把這些腦細胞變成腦功能迴路的一部分。蓋吉和他的同事發現，住在熱鬧環境中的滾輪老鼠，腦細胞衰退的速度比在一般鼠籠中的滾輪老鼠來得慢。運動固然重要，然而活動、和其他老鼠互動的喜悅、弄懂新玩具還有探索新環境，這些元素結合在一起，可以產生非常顯著的效果。

簡言之，結論就是我們被困住的時候，大腦就會缺乏滋養。學者現在認為在家養病或住院，因困在同一個環境中，大腦可能就會加速萎縮。所以我們更要想辦法避免跌倒或骨折而住院。

大腦如何自行重新建構神經迴路

兒童的大腦很有可塑性（plastic），可以藉著神經元之間的新連結來形成新的記憶。但他們的大腦還有另一種可塑性，就是實際腦區可以根據現在正在做的事情來改變角色。舉例來說，我兒子學小提琴的時候，他的大腦會分派更多空間給壓弦的手指。我們現在知道成人的大腦也有可塑性。如果你在五十歲的時候開始學習新樂器，你的大腦皮質區就會自行重整，幫助你學習這個新技能，哪怕你之前從未摸過這種樂器。

我們會知道這些，是因為當代腦神經科學家就像維多利亞時代的製圖員一樣，費盡千辛萬苦繪製出大腦地圖。腦細胞在視覺皮質、體感皮質和運動皮質中，經過整理，反映出身體不同部位彼此之間的關聯。如果我觸碰你的大拇指，觸碰的訊號會由脊髓向上傳遞至你運動皮質中一個特定的點，該點的細胞被觸發了，讓你感覺自己的拇指被摸了。拇指地圖位在食指地圖的旁邊，食指地圖又位在中指地圖的旁邊，依此類推。如果我用電流觸碰地圖上這些點，你就會感覺有人碰了你的手指。

一名叫做麥克・莫山尼克（Michael Merzenich）的年輕科學家從一九七〇年代就開始煞費苦心繪製神經連結地圖，他首開先例用微電極來偵測神經元如何發送訊號給另一個神經元。他的發現與從前教科書上的彩色教學完全不同——他發現大腦地圖因人而異，而且會根據我們的生活方式而有所改變。

莫山尼克在他最著名的實驗中繪製了一隻成年恆河猴手部的大腦地圖，然後把猴子的中指截肢。幾個月後，他再次繪製了這隻可憐猴子的大腦地圖。截掉的手指的大腦地圖完全消失了——這個令人震驚的例子說明了「用進廢退」。而旁邊手指的大腦地圖就這樣跨到了那塊空缺，佔據原本的位置。大腦不費吹灰之力，一下就把資源分配到有需要的地方了。

莫山尼克把另一隻可憐猴子的正中神經剪斷時，也發生了類似的情形。他輕撫猴子掌心，猴子該區的大腦地圖卻是靜止的。但是當他輕撫猴子手掌外圍時，雖然該處是另一組神經，大腦地圖中的正中神經區塊卻立刻有了反應。不到幾個月的時間，其他神經的大腦地圖就完全佔據正中神經原本的空間了。

從中風中學習

大腦地圖可以輕鬆地自行重組排列，這項發現顛覆了中風的治療方式。二十一世紀以前，很少有人相信中風後可以做高強度復健，中風是血管中的栓塞阻斷了氧氣，使得腦中某些部分缺氧。

中風在過去是致命的疾病，但是現在中風患者大多可以活下來。中風是全世界成年人長期失能的主因，每年影響了十萬個英國人以及七十九萬五千個美國人，這些人最後大多會有一側癱瘓。有一種治療方式是要病患花好幾個小時努力想辦法移動癱瘓的手或是手臂，正常的那隻手或手臂則用固定帶限制住，藉此鼓勵大腦騰出新空間來傳遞訊號給癱瘓的手。這種「侷限誘發動作治療」（Constraint-Induced Movement Therapy）為愛德華・托柏（Edward Taub）的發明。托柏認為，當人馬上放棄受中風影響的肢幹，大腦不但會因此停止產生新的神經通路，甚至還會抑制其生成。然而，這種「後天棄用」（learned non-use）的情形可以靠努力不懈，反覆練習活動來克服，而且在意志力強大的病人身上非常見效。

神經可塑性的特性，意味著大腦可以跟我們共謀傷害，也可以與我們攜手行善。研究中風病患的英屬哥倫比亞大學（University of British Columbia）大腦專家拉亞・博伊德（Lara Boyd）博士向我說明：「你做的每一件事都會型塑你的大腦，但你不做的事也會。神經可塑性可以是好事——可以幫助你學習新事物；也可以是壞事——讓你對藥物成癮或是造成慢性疼痛。」博伊德博士相信：「腦的健康是件大事。我想大家應該不知道，每一個小決定都會影響大腦，而這些小決定會聚沙成塔。」

博伊德博士發現在幫助中風病患復健時，最大的障礙就是神經可塑性模式因人而異。起初，博士與她的團隊以為這是中風病患特有的現象，但是後來他們發現健康的人之間也有類似的差異。這在幫助人們學習上是一個非常大的挑戰。

「每個人的學習方式都是非常獨特的，」博伊德博士說。「兩個人在學習同一件事的時候，會有不同的大腦活動模式——也就是這兩人所使用的腦神經迴路還有強度有所不同。舉例來說，我跟你現在都想要動四肢中的一肢。對你來說這可能只需要用到大腦中的運動區塊，但是我卻得不停配合使用大腦中負責執行功能的各個認知區塊才能學會。」她說使用額外的腦區是有代價的：「我也許可以學得跟你一樣好，但是如果同時又要處理其他事情，我可能就沒辦法了。」

博伊德的公公八十六歲，還算健康，她說他的例子很適合用來說明大腦某一區塊如何抑制另一個區塊。「他無法邊走路邊講話，常話說到一半，我才忽然發現：『公公去哪了？』他為了繼續說話而停下了腳步，也沒有意識到自己停了下來。」

因為人與人之間存在著差異，博伊德對現在很流行的「練習一萬小時就可以掌控任何一種動作技能」論述相當存疑：「你可能只要花五千小時，但我可能要花兩萬小時。」因為了解到每個人都是不同的個體，博伊德和她的同事現在想要研發可以「預備大腦學習」的治療。「學習永遠不嫌晚，」她說。「這沒有特效藥——要改變大腦的神經可塑性，你的行為是最關鍵的推手。但是要學習新技能或是重拾舊技能需要的練習量非常大。」她提倡「越學越難」，如此才可以越學越多，促成大腦結構的改變，強化長期記憶。

博伊德的研究可以替客製化療程大力背書。她也希望有一天中風治療也可以像癌症治療一樣：用大腦結構的生物標記來打造客製化療程，如同醫生現在用基因工程來提供針對個人的化療一樣。這也說明了最有效的教學就是客製化教學。「大腦的獨特性會影響學生的學習以及老師的教學，」博伊德說。「每個人需要的都不一樣——這就是腦神經科學的下一步。」

同心協力的腦神經

有件事一直讓我很困惑，就是人的大腦地圖空間為什麼不會用完。如果學習新事物，或是重新學習使用手的時候，大腦要騰出更多空間來學習，那為什麼我們其他能力不會因此變差呢？研究倫敦計程車司機的學者當時也猜想這一定有其代價。然而大腦灰質不會被塞爆，主要是因為我們越訓練自己做某件事，神經元的合作就越有效率。

麥克．莫山尼克的同事，行為心理學家比爾．詹金斯（Bill Jenkins）訓練猴子用指尖觸碰轉盤，如果猴子施力正確讓轉盤繼續轉下去，就給猴子一小塊香蕉。這很不容易，猴子需要全神貫注。努力學習中的猴子，大腦地圖中的負責手指的區塊便能穩定成長。牠們嘗試越多次，大腦就給予越多回應。到了一定的程度，該腦區的神經元效率全都提升了，最後，轉動轉盤所需要使用的神經元數目也就變少了。

人類學習雜耍之類的新技能時，大腦也會出現類似的情形。如果我們不斷地讓手指做需要高度專注力以及靈敏度的動作，最後，每一個神經元傳送訊息的時間都會變快。反應速度變快的神經元更有機會和其他神經元同時反應，釋放更清楚的訊號。

這很重要，因為清楚的訊號可以加強記憶。科學家現在認為，人老多忘事的一個原因是大腦要處理很多「噪音」——神經元釋放的訊號雜亂，無法同步。隨著年紀增長，處理新事物的速度就會變慢，要清楚記住某人的名字或是誰在哪次活動說了什麼話，就會變得比以前困難。

許多科學家正努力想要找出辦法，來減輕隨著年齡增長而出現的大腦「噪音」。其中一招是挑戰自己做需要全神貫注的事情。猴子用自動導航的方式完成任務的時候，也就是分心的時候，牠們的大腦地圖會有些微的改變，不過這種改變不會持續。

音樂的力量

那我們應該如何挑戰大腦呢？外語學習和演奏樂器是需要高度專注力的活動，這方面也有很多的相關研究。研究發現，經常需要大量練習的樂手，大腦額葉中某些區塊的灰質比非樂手多，其他腦區因年齡造成的退化情形也比較少。實驗中，七十五歲以上常玩樂器的受試者，五年後罹患失智症的情形比幾乎不玩樂器的人低。研究發現，演奏音樂對大腦的保護力比閱讀、寫作以及益智遊戲都還要強。

報章雜誌對益智遊戲讚譽有加。有些研究顯示，玩填字遊戲的人的認知功能比不玩填字遊戲的人好。但很抱歉，這只能證明聰明人喜歡填字遊戲。玩填字遊戲的人認知衰退的速度似乎與不玩的人差不多。所以填字遊戲大概沒辦法保護我們免於衰退。

老實說，這聽起來好累人。這告訴我們安逸舒適的中年生活、和朋友喝酒、例行聚會可能會累積問題。另一方面這也告訴我們，從事能促進大腦可塑性良性循環的活動，也許可以改善我們的學習狀況以及記憶速度。

「認知庫藏」或許可以預防阿茲海默症

美國流行病學家大衛．斯諾登（David Snowdon）在《優雅的老年》（*Aging with Grace*）一書中寫到他和研究團隊觀察到的一位修女。八十五歲的修女伯爾納德（Bernadette）行為模式正常合理，一直到她過世後，研究團隊才從修女的大腦發現她患有嚴重的阿茲海默症。

伯爾納德修女大腦組織的分析結果中，發現阿茲海默的神經纖維糾結以及老化斑塊。但是研究員讓她做的所有心理和生理測驗中，修女的分數一直落在正常範圍內。每一次的測驗都有錄影紀錄，其中一支紀錄影片中，伯爾納德修女沒看時鐘也沒看手錶就說出了當下的時間，誤差只有四分鐘。伯爾納德修女有碩士學歷。她在小學任教了二十一年，又在高中任教七年。斯諾登還記得修女的腦功能的非常完整，不可思議。「感覺她的新皮質似乎可以防損。」

大衛．斯諾登剛開始做「修女研究」的時候，根本沒想過人的大腦甚至到了極老年還能防損。「修女研究」的研究對象是美國各地從事聖職的一千兩百名天主教修女。這些善良的修女同意每年接受身體檢查和認知測驗，並在死後捐出大腦。修女很適合做對照組：她們都是白人，吃一樣的食物，幾十年來都住在同樣的地方，不菸不酒，沒有懷孕。她們為科學「慷慨捐腦」，為世人所帶來的貢獻仍會延續下去。

斯諾登自己承認他收到第一個UPS大腦包裹時，有一股罪惡的興奮感。「不要忘記，有人死了。」一位同事提醒他。研究了越來越多大腦後，他得到了一項驚人發現。驗屍結果顯示三分之一的大腦有嚴重的阿茲海默症現象，但是不是每一位大腦主人都有阿茲海默的症狀。有些人到了八、九十歲仍能通過認知測驗，表現優異。

不可思議的是，阿茲海默症狀指標居然是修女二十二歲發終身願時寫的自傳式論文的品質。後來出現阿茲海默症狀的修女中，居然有高達百分之九十的人論文被研究員評為「訊息密度低」（每十個英文單字中傳達的訊息相對較少）以及文法複雜度低。論文訊息密度較高、文法結構較複雜的修女中，只有百分之十三的人出現了阿茲海默症狀。

訊息密度反映了語言處理能力，語言處理能力又與一個人的教育程度、常識、字彙量以及閱讀能力有關。文法複雜度和工作記憶有關，工作記憶可以幫助我們同時處理不同的事情，不致亂了思緒。

「認知庫藏」是大腦隨想辦法的能力，也就是大腦的可塑性。其他研究也證實了斯諾登的發現——教務程度較高的人的認知庫藏比較優秀。這並不是說教授就不會罹患阿茲海默症，但這確實告訴我們，有可塑性的大腦也許可以自我重整，藉此延緩阿茲海默症帶來的傷害。有些研究指出，認知庫藏較大的人，可能可以延後帕金森氏症、中風，以及失智的時間。

高知識分子的人應該要心存感激——一面感激自己出身幸福，一面感激這些無私捐出大腦的修女。另一面，我們每個人也都可以讀故事給孩子聽，刺激他們的語言發展；我們也都可以努力讓自己的腦細胞保持在活躍狀態。哈佛醫學院（Harvard Medical School）設計了認知健康六步驟，原則如下：蔬食為主的飲食、養成運動習慣、充足的睡眠、管理壓力、建立社會互動以及持續挑戰大腦。

但是我們究竟要如何實際地挑戰大腦呢？不是每個人都有音樂天分；不是每個人都想學習語言——若知道學了又沒機會用，那更是。腦力訓練應用程式之所以越來越流行，也是原因之一。

腦力訓練應用程式，值得買？

我在本章開頭玩的遊戲只是眾多腦力訓練遊戲中的冰山一角，聽說這個產業價值上看十億。很多公司都出了遊戲給希望保持腦力活躍的人。Cognifit 可以測驗二十三種不同的認知技巧，提供「客製化腦力遊戲」來「幫助刺激認知功能以及改善大腦可塑性」。快樂神經元（HAPPYneuron）提供「一套完整的腦力訓練方法，刺激五種主要認知功能」。任天堂（Nintendo）目前也正在推一款叫做《川島隆太教授的 DS：腦力強化訓練》（Brain Age 2）的電玩遊戲。

類似的應用程式多宣稱每天練習就可以強化腦力，不僅可以訓練你打中目標物或是或是記下一串閃過眼前的數字，也可以讓你在真實生活中頭腦變得更清晰。我們是該對這些宣稱感到存疑。二〇一六年，一間名為 Lumosity.com 的公司付了五千萬美元的罰款給美國聯邦貿易委員會（Federal Trade Commission），因委員會指控該公司廣告不實並「利用了消費者對老年認知衰退的恐懼」。聯邦貿易委員會表示，Lumosity 並未提出科學證實來證明該公司研發的遊戲可以提升工作表現並預防記憶衰退以及失智症。聯邦貿易委員會也同意 Lumosity 的遊戲或許可以幫助提升你玩該遊戲的技巧，但是卻不見得能幫助你想起前一晚跟誰見面，或是增強找到錢包的能力。

二〇一四年史丹佛長壽中心（Stanford Center on Longevity）和柏林馬克斯普朗克人類發展協會（Berlin Max Planck Institute for Human Development）舉辦了一場會議，參加會議的世界級認知心理學家和腦神經科學家也提出了類似的看法。六十九名專家共同發表了一份聯合聲明斥責誇大的宣傳，並且表示腦力訓練應用程式帶來的改善並不持久。「學習新的語言，掌握新的動作技能，在新環境中找到方向，沒錯，甚至玩市面上的電腦遊戲——這些需要大腦付諸努力的新體驗都能改變幫助我們學習新技能的神經系統，」聲明中寫道。「突觸的數目、神經元和周邊細胞的數目可能會增加，神經元之間的連結也可能變強……但是目前並不能妄下定論說訓練帶來的改變比從訓練中學習到的技術更多，可以在現實生活中運用這樣的能力，或是這種訓練可以普遍提升『大腦健康』。」

這群專家也很擔心人們在螢幕前一坐就是好幾週，反而不去從事有益健康的活動了。「若是花一小時獨自做軟體練習，代表你這個小時不能用來健行，不能用來學義大利文，不能用來試新食譜，或是不能用來含飴弄孫，那可能不是很值得。」專家寫道。

然而在幾個月後，卻有一百三十三名來自世界各地的科學家和專業人士提出了截然不同的看法。他們說：「越來越多有力的證據顯示，認知訓練套組可以大幅改善認知功能，也包含日常生活中會用到的一般能力。」

為什麼這兩組人馬的看法天差地遠呢？一個原因是把所有的腦力訓練遊戲放在一起討論很不合理。市面上多數遊戲的效果仍未經證實。二〇一六年一份報告逐項檢視了腦力訓練公司引用的所有科學論文，發現其中很多都有嚴重的瑕疵，例如樣本數極少或是缺少對照組。而且還有「檔案櫃問題」（file drawer problem）——沒有利的研究結果不會被發表。不過還是有些實驗在某些特定的領域中給我們帶來了一絲曙光。

我在本章開頭玩的遊戲，目的是要改善「處理速度」。這種訓練又叫做「實用性視野訓練」（useful field of view，簡稱 UFOV），設計來改善大腦處理眼見之物的速度以及準確度。電腦會迫使你分散注意力，要看螢幕中央的物件又要看邊緣的目標物。在你越來越熟練之後，目標物會混在暴風雪般的其他物件中出現，因為看不清楚就要更努力保持專心。

一項名為「ACTIVE」的十年實驗宣稱，比起花時間做其他訓練的人，他們發現玩處理速度遊戲的人在認知功能上的進步較為持久。研究員把兩千八百名年齡介於六十五至九十四歲間的自願受試者分成三組。第一組接受改善記憶的訓練，第二組接受改善推演能力的訓練，第三組則在電腦上做個人的處理速度訓練。

接受大腦處理速度訓練的受試者變得比較不容易忘記吃藥，進行做菜等需要集中精神的事情的能力也有進步。這組受試者也表示心情有所改善。但更令人訝異的是他們在駕駛能力上的變化。ACTIVE實驗中，接受大腦速度訓練的受試者的車禍事故率是未受處理速度訓練的受試者的一半。該組受試者中，放棄開車的人數比其他受試者少了百分之四十。他們的保險理賠金額也比受訓前低了四分之一。看樣子，處理速度較快，開車就比較不容易撞到單車騎士，緊急煞車的能力也比較好。

但是ACITVE也不是沒有批評聲浪。心理學家丹尼爾．西蒙斯（Dan Simons）的研究團隊在審查這項科學研究後表示，ACTIVE實驗看似嚴謹，卻無法證明線上遊戲可以在現實生活中帶來影響。「受到訓練的該項功能會進步，但是不能外推，」西蒙斯告訴《大西洋》雜誌（The Atlantic）。「如果你在行李掃描時負責找刀，那你找出槍枝的能力並不會變好。」

而標準究竟要設得多高，大家吵得沸沸揚揚，眾說紛紜。練習彈鋼琴，足球技術並不會變好，但是到底彈鋼琴是對大腦有益。處理速度訓練似乎無法幫助改善記憶，但是如果可以改善駕駛能力，讓年長者上路更安全，當然是好事。

「很多人不太相信十至十二小時的腦力訓練可以在真實世界中造成持久的影響，」熱情奔放的西班牙人艾瓦多・費南德茲（Alvaro Fernandez）說。費南德茲是顧問公司銳腦（SharpBrains）的執行長，銳腦位於美國華盛頓特區，專做大腦相關研究。「但是ACTIVE 對行車安全有非常顯著的影響：還有什麼比這個更屬於真實世界的範疇？不管怎麼說，一般年長者平均每天要花四至五小時看電視，何不乾脆做點腦力訓練呢？」

ACTIVE 計畫主持人，南佛羅里達大學（University of South Florida）的傑里・愛德華茲（Jerri Edwards）表示：「實用性視野訓練是很有潛力的訓練方法。一個原因是，這種訓練法通常包含難易度會隨著程度改變的練習。成人大腦可塑性模型告訴我們，隨著程度改變難度的認知訓練，效果最佳。」

這類遊戲會自行調整難易度，讓你的大腦持續不斷地接受挑戰，保持高度專注力。莫山尼克是假設科學企業（Posit Science）的創辦人，ACTIVE 實驗中使用的實用性視野訓練就是該公司的產品。雖然莫山尼克是個商人（大家也不要忽視這點），但從他過去的紀錄來看，我仍感覺他應該是找到了關鍵。

ACTIVE 實驗的最新發現是實用性視野訓練可能可以減少失智症發生的機率。完成至少十小時訓練的受試者，罹患失智症的可能性比對照組少了百分之二十九。完成越多組電腦設計的關卡，罹患失智症的風險就降得越低。

但是這些數據並不顯著。對照組罹患失智症的風險也只有百分之十一。何況沒人能保證某人發展出失智症狀後可以用電腦程式來進行治療。儘管如此，這項發現仍告訴我們：實用性視野訓練也許可以改善大腦韌性。

國家健保局及其他健康服務機構應該要開始好好研究這類的腦力訓練。美國國家科學、工程和醫療科科學院（the US National Academies of Science, Engineering and Medicine examined）審查了十七項可能可以延緩認知衰退和失智症的方法後，認為最有潛力的三種方法分別為活動、血壓控制和認知訓練，而認知訓練中也包含處理速度訓練。該學院也表示這些方法背後並沒有足夠的科學證據，所以尚無法開始推廣。然而，支持這三個方法的相關證據有增無減。

戰勝憂鬱症

家父人生的最後幾年都籠罩在陰暗的情緒之中。他坐八望九時身體還很硬朗，聽力極好，每每家對面的酒吧晚上請樂團來表演，他還反而希望自己聽力可以差一點。但是父親時不時憂鬱症發作，卻也造成他感覺身體不適。「我腦子裡就是有什麼東西讓我快樂不起來，」他表示。以前他是我認識的人當中最樂觀積極的，但是隨著年紀增長，他好像變得無法停止閱讀報紙上的悲慘新聞，還會過度分析朋友的無心之言。

未來的二十年中，憂鬱症很可能會成為全世界失能的主因。若要妥善運用人生延長賽，就需要更認真面對憂鬱症。英國皇家精神科醫學院（The Royal College of Psychiatrists）表示，患有憂鬱症的長輩中，十個有九個無法獲得協助，因為醫師找不出症狀或是誤診為失智症。此外，很多長輩以為憂鬱症是老化必經的過程，所以根本沒有尋求協助。痛失親友很痛苦，孤單寂寞的問題也必須解決，但是憂鬱症並不是正常老化的現象。

我父親尋求了協助，但是抗憂鬱藥物讓他很不舒服。他不再參加活動，除了摯友和親戚，誰也不想見。後來他發現自己視力退化，開車會造成其他用路人的危險，也難過地決定不再開車了。父親的世界變得好小。

我的處理方式很隨性，就只是鼓勵他出來運動，因為我自己運動後心情都會變好。我試著說服他一起出門散步，但父親是個逃避大王，對「體適能」概念過敏，堅稱他每天走到報攤的那段路就很夠了。

也許我和父親當時都還不明白，而我現在懂了——他腦中確實有什麼在阻止他享受人生。憂鬱症通常會伴隨著偏執的思考模式。有些精神科醫師現在相信這些思考模式會被寫入大腦迴路中，使用次數越頻繁，就越容易陷入。

我們也許可以藉著建立新的神經迴路來重設思考模式。由喬．卡巴金（Jon Kabat-Zinn）首開先河的正念（mindfulness）訓練旨在幫助人們意識到自己的想法，把負面想法看作曇花一現、暫時的現象，藉此減輕壓力。劍橋大學的（Cambridge University）約翰．蒂斯岱（John Teasdale）等心理治療師就曾使用正念認知治療替憂鬱症患者大幅降低了症狀復發的可能。腦部掃描顯示，認知行為治療可以抑制額葉皮質的活動，額葉皮質是掌管推論和高級心理活動的區塊——所以抑制其活動，就可以進一步減少我們陷入負面思緒的情形。認知行為療法也會增加海馬迴的活動，也許可以藉此建立新的、更正向的思考模式。

冥想可以代替藥物嗎？有科學家相信某些特定的冥想方式，只要持之以恆，就可以減輕壓力、改善專注力。有一項研究請八名西藏比丘和十名大學學生進行冥想，接著比較他們的腦波。比丘的伽瑪腦波很強，一般認為伽瑪腦波可以幫助神經元同步發放訊號。另有一項研究的對象為十三名禪師，結果發現，禪師灰質減少的情形比對照組少，反應時間也比對照組快。老實說，這類論述都未有足夠的證據——而且「冥想」的定義可能也太廣了。不過也許下一個十年，我們就可以對冥想有更透徹的了解。

憂鬱症不僅會使人極度痛苦，更會危及我們的思考能力。憂鬱症會影響記憶、訊息處理以及決策能力。有些專家認為，改善情緒的抗憂鬱藥物不見得可以處理認知問題，他們認為應該要把重點放在幫助憂鬱症患者恢復認知功能。

發炎理論

一九八九年，二十九歲的愛德華．布爾摩爾（Edward Bullmore）還只是一般實習醫生，尚未成為精神科專任醫師。他的診間走進了一名坐五望六的病患：P女士。P女士患有嚴重的類風濕性關節炎，這是令人疼痛難耐的免疫系統疾病。P女士雙手腫得非常嚴重：布爾摩爾見她手指彎曲，關節也因結痂組織而變形。布爾摩爾問完了P女士身體出現的問題，發現符合類風濕性關節炎的症狀。接著布爾摩爾便離題詢問她的心理狀態。P女士全盤托出。她說她活力很低，對什麼事情都提不起興趣，一直在睡覺。布爾摩爾確診她有憂鬱症。

「我那時還滿興奮的，」布爾摩爾有點尷尬地談起當時。「我感覺自己有了醫學上的小發現。我心想，我下了兩個診斷——她來診時以為自己只有關節炎，但是我卻診斷她同時患有關節炎和憂鬱症。」

布爾摩爾趕緊跑去告訴主管這個消息——但主管只是聳聳肩。「嗯，要是你患有這種毛病，又知道情況只會越來越糟，能不憂鬱嗎？」

當時傳統的醫學觀念認為憂鬱症全是心理問題。布爾摩爾也沒料想到P女士的憂鬱症會是身體所引發。好一陣子之後布爾摩爾才開始懷疑P女士的憂鬱症是否與造成關節炎的發炎症狀有關。

布爾摩爾現為劍橋大學（the University of Cambridge）精神科教授以及《發炎的心理》（暫譯，原書名 *The Inflamed Mind*）一書作者。他也是新興學科神經免疫學界的領頭羊，神經免疫學的研究範疇是大腦和免疫系統之間的關聯。

簡單來說，發炎症狀就是身體對感染產生的反應。如果你切到手指，就會有一種叫做巨噬細胞的白血球，像古早電玩中的小精靈一樣跑來把對人體有害的細菌吃掉，並分泌細胞激素。細胞激素是一種發炎反應蛋白質，會通知其他部分的免疫系統身體發炎了。其他巨噬細胞一邊趕到傷口時，傷口便會出現腫脹和觸痛的症狀。

發炎症狀若是失控，就會觸發類風濕性關節炎這類的自體免疫疾病，腫脹和觸痛有可能變成持續不退的症狀。此時免疫系統會過度反應，開始侵蝕身體。第二型糖尿病、癌症、帕金森氏症和阿茲海默症都和這類「失控的發炎」有關。

年齡增長就會碰到這種問題。免疫系統變弱了，難以抵禦感染。這就是為什麼有些疫苗在年長者身上不管用。疫苗可能會誤觸免疫系統，使其攻擊錯誤的目標。

身為線上精神科醫師，布爾摩爾發現他有很多類似P女士的病患。「我一直在想：很多有發炎症狀的病患都有憂鬱症，這方面我們是不是有辦法處理得更好？」他說。百憂解（Prozac）這類抗憂鬱的選擇性血清素回收抑制劑（SSRI）搭配心理治療療程，對很多人來說很有效，卻也不是在每個人身上都管用，而且這類藥物也有副作用。雖說眾多藥廠砸了好幾十億英鎊投資這類藥物，從百憂解問世的二十八年前至今，仍未見特別有效的抗憂鬱新藥。布爾摩爾便開始思考，藥廠是否走錯方向了。他也在想，保護大腦免受血液中有毒物質侵害的血腦屏障，是否不如我們想像的堅不可透。

現在來看，我們知道血液中某些特定訊號會擾亂大腦，刺激免疫細胞，造成發炎。

人類的免疫系統對外在環境非常敏感。各種不同型式的壓力都會造成血液中的輕度發炎症狀：累壞了的老師，病痛家屬的照護者，遭受創傷的兒童皆是。老鼠也是一樣。如果幼鼠被限制行動或是被迫離開母親，就會出現典型的憂鬱症症狀。若在牠們體內注射細胞激素，也會出現類似的症狀。這會觸發大腦中的免疫細胞。「免疫系統有驚人的記憶力，」布爾摩爾說。「如果你小時候得過麻疹，你的免疫系統就會記得這件事，一直到你死的那一天。我們的免疫系統是否也以相同的方式在回應社會壓力呢？」

「你可以看到神經元作用方式的改變。神經元可塑性降低了，也比較容易死亡。」布爾摩爾補充說明。

老鼠被關在小籠子裡的時候，神經元生成的速度減緩至幾乎停滯的狀態。你也許會認為是憂鬱症抑制了新神經元的生成，但其實應該是反過來。

抗發炎治療可以抑制憂鬱症一說，目前並無確據，未來還需要更多的相關研究。但也因為這些發現，研究發炎症狀和神經元生成的神經科學家很可能會成為未來對抗憂鬱症的大推手，幫助我們了解：身體狀況很可能與心理狀況息息相關。

年長者可以學會新把戲，只是學習方式不一樣？

柔伊．庫提（Zoe Kourtzi）在希臘的克里特島（Crete）長大，青少年時，她很不擅長記憶事實。「歷史是我的剋星，」想起當年，她彎起深邃的眼睛大笑著說。「希臘歷史有好多日期。出生年月日，死亡年月日；希臘是個超級古老的文明。」庫提現在是劍橋大學的實驗心理學（Experimental Psychology）教授，當初她得通過歷史、數學和古希臘文考試才能攻讀心理學。她決意要攻讀心理，即便母親建議她當美髮師。庫提知道自己數學考試不會有問題，數學是她最愛的科目。但要通過歷史和古希臘文考試，就需要一點策略。情急之下，庫提把自己朗讀關鍵歷史日子以及希臘文單字的聲音用錄音帶錄了下來，每晚放來聽。

庫提通過考試的隔天，就把這一切都從記憶中消除了。但是在這過程當中，她也有些發現。歷史需要她背下史實，但古希臘文其實比較像是數學：「我發現希臘文其實是邏輯問題。要學習一門語言，你需要知道如何解釋、了解這個語言的結構。」

學校教育總教人死記硬背。成年人也很害怕記憶衰退。但能夠在現實世界中順利生活，理出一套模式的能力，是否其實和記憶力差不多重要呢？

庫提現在是劍橋大學腦適性實驗室（Adaptive Brain Lab）的負責人。腦適性實驗室藏身在一堆一九五〇年代的建築和哥德式建築中，在帕拉迪歐（Palladian）風格的唐寧學院（Downing College）後方。實驗室內的牆上有一幅神奇的錯視圖，是張威尼斯運河的圖畫，但是圖上的建築看起來像是從牆上凸了出來。

「用手指感覺一下，」庫提在牆邊說。「能感覺到凹凸嗎？」我的手指在圖畫上滑過，可以感覺到高低不平。但是我以為離我最近的那幾棟大宮殿式建築，其實離我最遠。

我的大腦拒絕接受手指告訴我的訊息。就算知道了這幅圖畫的真實狀態和與自己的想像相反，我還是無法改變自己所看見的。「為什麼我看不到正確的狀態？」我沮喪地問。「因為對你的大腦來說，你這輩子的經歷比我所告訴你的還重要。」庫提教授面帶微笑說。「落在你視網膜上的與你的大腦感知相左，大腦知道較大的方塊通常距離比較近，所以就會這樣認定。」

同樣地，庫提說若給核磁共振儀中的受試者看運動員在起跑點上的靜止照片，受試者大腦中和動作有關的區域便會亮起來。因為我們在期待動作，所以我們的神經系統可以「看到」動作，即便運動員其實是靜止不動的。

庫提的團隊想要解開大腦的學習機制。她的實驗室裡都是螢幕，研究團隊在這些螢幕上訓練不同年齡層的人從塞滿東西的場景中指認物件。這種視覺知覺絕對是可以被訓練的——也就是我們在人群中辨識人臉的能力。二次世界大戰時，盟軍的分析員仔細研究粒子很粗的空中偵察照片，慢慢開始可以分辨出不同的機型，像是照片中究竟是德國的偽裝轟炸機，或是只是無害的電塔。

受試者在彩色點點瀑布和其他移動的影像中努力指認物件時，研究團隊會一邊掃描他們的大腦，觀察他們的大腦迴路發生了什麼事。團隊有了幾項驚人的發現。

首先，原來年齡並不會限制學習。學習的方式和態度反而比較關鍵。「如果年長者有很好的專注力，那麼他們也可以學得和年輕人一樣快。」庫提說。她也說每個年齡層都有學習能力好的人，也有學習能力差的人。

學習能力好的人可以多工，可以活用大腦司注意力的區塊。學習能力差的人比較依賴記憶，可以看到大腦該區活動較為頻繁。這也許可以解釋為什麼人類的記憶很不可靠：實際上我們並不需要記住每一個圖像，因為大腦的工作是從這些印象中理出一個普遍的模式。要在晚年仍能正常運作，記憶力可能遠不及多工以及理出模式的能力重要。

大腦適性實驗室設計了一套人造「外星語」，全由符號組成。他們要受試者預測接下來會出現哪一個符號。試著想要記住符號順序的受試者的表現，明顯比專注在新語言的規則以及結構的受試者差。就像年輕的庫提一樣，成功的學習者會判斷或然率，而非僅靠記憶。

庫提也發現年長者和年輕人使用的大腦迴路不一樣。年輕人使用大腦前半的感知腦區，年長者較常使用負責理解模式的後腦區。

「這給我們的訊息顯然是：訓練的設計要針對年齡。」庫提說。

這個概念很可能帶來全新的大改變。如同前一章所述，我們尚未開始認真思考如何幫助人類活到老學到老。我們也確實未曾想過，事實上，不同年齡層的學習的方式可能有所不同。看樣子是時候該思考這些問題了。

未來世界：年度大腦檢查與人工智慧

我在旅途中一直聽到「大腦健康」這個詞，許多專家相信大腦就像身體一樣，需要我們好好照顧。克里夫蘭醫學中心（Cleveland Clinic）的健康總監（Chief Wellness

Officer）麥克．洛伊森（Mike Roizen）醫師最近替一個日益流行的觀點下了結論：「大腦也許真的就像肌肉，一生中可以越練越強。」

這種觀點與一般的想法大相徑庭，我們一直以為大腦是人類神秘的中心，是人格特質的所在之處。你可能很難想像，其實我們可以使用意志力主動改變大腦。但這種觀念即將面臨考驗。

「用體能訓練概念來說明最為貼切，」銳腦的艾瓦多．費南德茲說。「我們從一開始對體適能有概略的認識，到了現在有健身房、私人教練，還有針對部位的訓練。如果想要加強腹肌，我會做仰臥起坐；如果想要成為一個全方位運動員，我會舉重。我們對大腦的認識也會有相同的改變，速度甚至更快，因為所有相關資訊幾乎都可以在網路上找到，也幾乎人人都有網路。」

費南德茲認為我們需要每年做大腦檢查。不是核磁共振掃描檢查，核磁共振成本太高，難以負擔，而是認知測驗。費南德茲預測未來的認知測驗會越來越精細，可以測出微小的改變。人工智慧在這個領域有很大的潛力。機器學習演算可以記錄大腦活動的模式，也許可以藉此在病患開始出現記憶衰退症狀之前，就先偵測出初期的失智症。目前已有系統可以偵測打字時的微小變化：切換鍵盤按鍵花的時間，或是按著一個鍵的時間長度。加州一間叫做 NeuraMatrix 的公司相信，他們的「打字節奏」（Typing Cadence）系統可以比醫生更早發現使用者的大腦異常——藉著找出百分之一秒中的打字模式變化。麻省理工學院的抱負更是遠大，他們的研究員最近記錄住在輔助生活環境中的人的睡眠模式、呼吸與活動情形，想要知道演算法是否可以利用睡眠障礙和其他微小的行為變化，診斷出阿茲海默症。

這很重要，因為對抗失智症的戰役已經提前到及早發現，研究員希望可以藉此發明延緩失智症的藥物。但是只有在能夠及早發現的前提之下，才有可能找到合適的病患進行臨床試驗。

對許多腦神經科學家來說，把大腦比做肌肉是種褻瀆。但是這種類比在某種特定的層面來說，非常有用。每當要舉起下手臂，我就會使用二頭肌，不使用就會退化。但是要加強二頭肌就需要舉重，最好是一週三次——而且系統性的訓練才能看到成果。

大腦似乎也一樣：只有定期做舉重訓練才能有持續的進展。斯德哥爾摩卡羅林斯卡醫學院（Karolinska Institute）的認知腦神經科學教授托克．克林貝里（Torkel Klingberg）解釋他稱為「認知健身房」的概念。克林貝里教授的團隊做了很多研究來幫助患有注意力不足過動症的兒童改善他們的工作記憶，也訓練六十幾歲的人改善工作記憶。研究團隊發現，每天都走出舒適圈的人，進步程度比較大。

上述這些例子都說明：我們無法過安逸舒適的中年生活。

教「初老狗」學新把戲

過去，大家普遍認為男生的理科能力天生比女生好。在我們認為年長者的學習能力不如年輕人的時候，可能又犯下了相同的錯誤。

證明大腦可塑性不會消失的這場戰役，已經打了好幾十年了，但是一直到了近十年，才真正大獲全勝。很多人還是不明白他們的大腦有著無限的可能。

我們知道，保持腦細胞活躍才能維持神經元之間的連結。如果腦細胞不使用這些連結、突觸來溝通，連結就會斷開，突觸就會消失。然而我們有方法可以延緩衰退，有氧運動、社交活動和新的挑戰應該是關鍵。彈了二十年的蕭邦夜曲是沒有用的；玩填字遊戲也沒有用。我們需要保有一顆好奇的心，離開舒適圈，探索新領域。

二〇一七年，柳葉刀失智症委員會發現：「人一生的運動量和腦力刺激可以降低晚年失智的風險，甚至對天生有失智基因的人來說也是一樣。」但是很少有成年人知道：失智症的風險是可以降低的。相較之下，有超過四分之三的人知道，我們可以降低心臟病的風險。

如此複雜的領域中常常會出現不實的論述。市面上會出現越來越多宣稱可以改善認知功能的程式，卻不是每個都真實有效。然而實用性視野訓練似乎真的給了我們一線希望，健康服務機構有必要好好研究一番。

好消息是，學習不受年齡限制。老腦也可以學會新把戲——學習新把戲對老腦來說似乎是必須，因為如此才能保持大腦健康。

第六章

長壽基因：

老無病痛，長壽才有意義

三十年前，醫生還認為老化是每個人必經的路，我們束手無策。但是後來很多生物學家先驅開始發現：有些基因可能與老化有關，甚至可能可以延緩老化。

這些生物學家躲在科學界非主流的角落，有好長一段的時間乏人問津。當傳統醫學孜孜矻矻地醫病救人，這些生物學家的發現帶領我們走向突破，我們即將見證各種可以延長、改善壽命的療程。已有實驗室成功將蟲子的壽命延長為兩倍，也加長了老鼠和猴子年輕的時間。不少科學家，甚至有些企業家也都趕搭這股潮流，深信找到了回春的方法。

其中有些科學家趕上了長生不死淘金熱：矽谷已經開始尋找我們與死亡之間的「逃離速度」。另外有群科學家的目標則有更重要的目標——縮短「中老年」的時間。

我在本章談到的方法不是都管用。抗老沒有萬靈丹，因為我們可能同時間要面對各種不同面向的老化，而且老化背後的科學極為複雜。但是相關發現正在顛覆我們對老化的看法，有些科學家認為老化是可以被治療的疾病，而非只能讓人被動接受。這對研究、法規和投資都有深切的影響——也會決定究竟最後哪些產品可以普及大眾。

控制熱量：危險的風潮還是青春之鑰？

我朋友安東是個骨瘦如柴的電影製片人。我們坐在餐廳裡，他對菜單超級挑剔，最後點了一道魚肉開胃菜當「主餐」，副餐點了一份羽衣甘藍。安東告訴我他正在進行「CR」（calorie restriction），其實就是熱量控制，矽谷的狂熱分子都以CR稱之。兩年來，安東一天盡量不攝取超過一千八百大卡，對他這個身高、年齡的男性來說，這比每日建議攝取熱量少了七百大卡。安東說他感覺很好、思緒清晰、很有活力。他也相信這種有諸多限制的飲食習慣，可以替他換來更多年的健康人生。

早在一九三〇年代就有實驗結果指出，許多哺乳動物可以藉由減少食量而大幅延長壽命。僅被餵食平常食量百分之三十至四十的齧齒動物比其他同類更為長壽，也比較健康。牠們比較少有癌症、心臟病或認知衰退的問題。

記得沖繩人嗎？就是那些超級長壽的島民。沖繩人的觀念是吃到八分飽就停，他們稱為「腹八分目」。八分飽不僅對他們的健康無害，可能也是他們「初老年」階段更長、更健康的原因，他們的「中老年」階段也比西方人短。

你可能認為，這麼極端的飲食習慣會讓器官變得脆弱。事實上，這種飲食習慣讓老鼠和猴子更強壯了。這背後的理論是，在經歷一段時間的乾旱或是饑荒後，基因會有所反應而造成演化，有這種基因性狀的人才能生存下來、繁衍後代。艱困的環境會觸發可以保護細胞的古老大腦迴路，以及細胞內用來產生能量的粒線體。

我們認為這種迴路存在於所有動物中，包括人類。二〇一八年，學者發表了一份恆河猴研究，恆河猴的老化模式和人類很相似。其中一隻叫做坎托（Canto）的猴子在十六歲的時候，每天開始減少攝取百分之三十的卡路里。十六歲是恆河猴的中年，坎托現年四十三歲，相當於人類的一百三十歲。

熱量控制也可以成為人類的青春之鑰嗎？我朋友安東確實這麼想，但他看起來好蒼白。太極端的熱量控制基本上是件不人道的事。這可能會危害我們的骨密度和肌肉量；

會導致二十一歲以下的人生長障礙；對想要懷孕的女性來說也會有慘烈的影響。這也是為什麼醫生非常不建議熱量控制。況且飢餓造成的胃痛，不論時間長短都令人難以忍受。與安東共進午飯之後，我又認識了兩個正在控制熱量的矽谷企業家——他們提起「CR」的時候好像在說什麼通關密語。其中一個人承認他半夜常常會餓到肚子痛醒，爬起來狂吞冰箱裡的水煮蛋。

老年學者瓦特．隆戈（Valter Longo）在南加州大學（University of Southern California）做了一項研究，要受試者在一個月內連續禁食五天，以此取代熱量控制。這項研究達到了與熱量控制類似的結果。成功禁食五天的受試者看樣子確實比較健康，膽固醇和葡萄糖指數都改善了。但是有四分之一的受試者實在受不了而放棄了。

就算可以換來更長壽的人生，我覺得多數人還是不願意犧牲享受美食的快樂。於是科學家便開始尋找誘騙人類身體啟動這些古老大腦迴路的方法，不必真的挨餓。而他們在這方面也的確有所斬獲。

抗老藥物的競爭

我的辦公室收到了一盒灰色的小包裹。包裝上低調的白色字體寫著「艾麗西亞健康公司」（Elysium Health）。包裹內是一個裝有六十顆膠囊的瓶子，這是一個月的量，我上網花了六十塊錢買的。

這是「Basis」——號稱「全世界第一個有基因組學背書的細胞保健產品」。這個小膠囊可能（只是可能）可以帶給我更多年的健康人生。

在美國，Basis 和維他命一樣被列為保健食品，不需要處方，也不需要主管機關食品藥物管理局（Food and Drug Administration，簡稱 FDA）的認可。但是 Basis 來歷確實不凡。艾麗西亞的科學顧問委員會中，有六位諾貝爾獎得主。這個膠囊是生物學家李奧納德．古倫特（Leonard P. Guarente）教授的發明，古倫特教授這三十年來在長壽基因上有許多世界級的重大發現。

我來到麻省理工學院，古倫特教授主持的保羅葛倫生物老化研究中心（Paul F. Glenn Center for Biology of Aging Research）拜訪他。實驗室很大，在一間有許多大玻璃窗的砂岩大樓裡。我拖著腳步走在長長的灰色走廊上，走廊兩側有巨大的銀桶，有些標示著「氮」，有些則是「低溫儲存桶」，走廊上經過的房間內認真的年輕人穿著毛衣埋頭操作著外型奇特的儀器。角落那間辦公室中有一落落的書堆，還有好多家族照片——古倫特教授跳出來歡迎我。他看起來像六十四歲嗎？不好說。教授頂上幾乎無毛，卻充滿活力，他穿著格子襯衫和褪色的牛仔褲，無框眼鏡底下的眼珠子像貓頭鷹一樣閃爍著，說不到六十四也是，超過六十四也合理。

古倫特教授說他服用 Basis 的時間比所有人都長：「我們很多人都在艾麗西亞創立（二〇一六年）之前就開始服用了。」他要如何知道有效？如果不能直接治癒疾病，就無法立即見效，只能幫助我們延長當下狀態的時間。教授也同意這是一大挑戰。「有些人表示吃了以後比較有活力，」他聳聳肩說。「但說真的，我們也不知道。我自己是發現我的手指甲長得比以前快——其他人也有同感。」

古倫特教授對自己的發明非常謙虛，但是對這項科學卻信心滿滿。這也不無道理，因為他一路走到這一天，背後有個精彩的故事。

一九九〇年代時，古倫特教授離婚了，依照他自己含蓄的說法，他當時正處在「中年轉型期」。那時古倫特已經是正式教授，他決定暫別傳統的分子生物學，轉戰新潮卻乏人問津長壽研究領域。古倫特和他的研究團隊開始用酵母做實驗，也就是用來發麵的常見菌種。在當時用酵母一窺人類端倪的想法根本是天方夜譚。但是他成功了。

古倫特和他的團隊在冰箱找到一株被遺忘的變種酵母，雖然冰箱很冷又缺少營養，該菌種仍活了下來。事實上，比起其他週遭環境沒這麼惡劣的菌種，該菌的壽命多了將近百分之五十。

原來關鍵在於一種叫做「sirtuin」的基因。酵母或動物體內的 sirtuin 較為活躍的時候，壽命就會延長。Sirtuin 似乎可以減緩破損去氧核醣核酸的堆積。隨著生物老化，廢棄的去氧核醣核酸會累積在體內，最後導致生物死亡。這項發現有兩個重大的突破。首先，這證明了老化基因的存在。再者，這顯示我們可以控制這些基因。

Sirtuin 基因的作用會需要一種神奇的分子，一種叫做 NAD+（nicotinamide adenine dinucleotide，菸鹼醯胺腺二核苷酸）的輔酶。NAD+ 可以催動我們體內的能量，幫助食物代謝，維持去氧核糖核酸的健康。但是 NAD+ 的量會隨著年齡增長而減少。到了我們五十歲的時候，體內的 NAD+ 大概就已經少了一半了。這會對人體產生影響。研究指出，增加年長老鼠體內的 NAD+ 濃度可以讓老鼠的外表跟行為都變得更年輕，並且反轉幹細胞衰退——強大的幹細胞可以取代體內受損的任何一種細胞。

Basis 也是一樣的概念，企圖藉由活化 sirtuin 基因來反轉 NAD+ 輔酶減少的情形。

Basis含有藍莓和紅酒中的紫檀芪（pterostilbene）以及可以在體內轉換成NAD+的煙醯胺核糖（nicotinamide riboside）。

二〇一七年末，艾麗西亞發表了第一份隨機抽樣、有對照組的人體實驗結果。一百二十名年齡介於六十至八十歲之間，服用Basis至少四週的人，體內的NAD+數量平均增加了百分之四十。研究員宣稱沒有負面副作用。

古倫特對實驗結果很滿意：「Basis也許沒有成功，沒能在人類身上複製出在動物身上的效果。但是這項實驗要測試的是Basis的安全性，以及是否有可能穩定增加NAD+的數量，所以實驗成功了。」

問題仍在於Basis並非經過認可的藥品。在進行上述實驗之前，有人批評Basis帶來的好處「看似合理但是未經證實」。若標榜為保健食品，可能會變成詐騙。沒想到古倫特本人其實對保健食品有很多懷疑。他表示：「健康食品商店的產品幾乎沒有用。」他本人也服用高劑量的維他命D，因為維他命D「有可靠證據背書」，但他並未服用維他命C，因為：「沒有可靠證據。」那魚油呢？「喔，魚油應該是好東西——我沒吃魚油，但我吃魚。」他也每兩天運動一次，不過他很懊惱自己因為時間不夠而必須放棄高爾夫球。

古倫特是個謙虛的先驅。「我的目標不是要延長酵母和老鼠的壽命，」他白皙纖長的雙手生動地揮舞著。「我是要了解他們身上有什麼限制，當時也沒想到可以應用在人類身上。」他並不打算解決老化的問題──說實話，他根本不認為有可能辦到──但是他確實「想要延長人類的壽命」。他並不是唯一一個懷抱這個目標的人。其他學者也有類似的想法。

釋放我們體內的修復者來對抗破壞王

一九九三年，古倫特教授還在波士頓研究酵母的時候，生物學家辛西亞．凱尼恩（Cynthia Kenyon）正在舊金山的加州大學看著顯微鏡下的小線蟲。這些小線蟲名為秀麗隱桿線蟲（c-elegans），壽命只有三十天，凱尼恩說這是「線蟲的生命悲歌」──頭十五天，這些蟲子充滿活力地扭來扭去，隨著組織老化，活動力便漸漸趨緩。最後十天的壽命中，牠們會虛弱地晃著頭，幾乎是動彈不得。

凱尼恩和他的團隊有了一項令他們自己也很訝異的發現。藉著抑制一組叫做類胰島素受器體（daf-2）的基因，就可以把線蟲的壽命延長為兩倍。

凱尼恩說她低頭看著那些即將死去的正常線蟲，抬起頭來又看見培養皿中相同年紀卻仍青春有活力的線蟲。「那種感覺很詭異，我汗毛都站起來了，」她帶著輕微的加州口音對我說。「很像我們做了什麼不該做的事。你會想，天啊，牠們早該死了。我們延長線蟲的壽命了。」

基因變異這組線蟲一直到臨終前都不停地扭來扭去。他們不像其他線蟲有好長一段痛苦的晚年。這是革命性的大發現，使我們與造物主又更加靠近了。凱尼恩發現了另一組可以大幅延緩老化的基因。

這些發現也可以應用到人類身上。一份針對住在紐約市的阿什肯納茲猶太人（Ashkenazy Jews）的研究發現，活到九十或一百歲的人的類胰島素受器體基因比較可能產生變異。「這不是說活到九十歲還可以跑馬拉松，」凱尼恩說：「但是他們老化的速度比較慢，看起來也比較年輕。他們確實比較年輕。」

人體只有耗損的份嗎？

目前普遍認為，人會老化是因為細胞內的去氧核醣核酸大幅受損——受損原因有輻射、污染、壓力以及正常的細胞分裂過程。人體內多數細胞都有固定的壽命週期：皮膚細胞大約每二十天是一個週期，骨細胞約每三年為一週期，去氧核醣核酸則無時無刻都在受損。每一天，每一個細胞中約有一千個去氧核醣核酸破損。

年輕的身體功力十足，可以啟動細胞內的分子生物機制來修復去氧核醣核酸的破損。但是這個修復機制非常耗能量，隨著年齡增長，機制作用也會變差。心臟細胞等不會分裂或是鮮少分裂的細胞中，去氧核醣核酸的破損便會無法復原。這些損害會累積在體內，造成我們會越來越難以抵禦疾病。這就是為什麼開發中國家的三大死因：癌症、中風以及心血管疾病的高危險群是年長者而不是年輕人。走一趟醫院的加護病房便會發現多數病患有一個共通點——年紀很大。

有些生物老年學者認為這種衰退過程中，新陳代謝是個關鍵。修復過程會需要大量的氧氣，但是氧氣無法完全代謝，因而釋放「自由基」。自由基是含有不成對電子的原子，會調皮地到處亂竄，偷走其他分子的電子。雖然人體內的抗氧化分子會吞滅多數的自由基，但還是會有漏網之魚，於是基因經年累月的改變，就像慢慢佈滿車子的鐵銹一樣。很多人會服用抗氧化營養品來抵抗自由基，但是就連相信自由基理論的人都表示沒有足夠證據來證明抗氧化保健品的功效（何況自由基理論並非人人買單）。結論就是，老化似乎會使體內可以幫助細胞修復的修復者（好蛋白質和 sirtuin 這類的好基因）變弱。這些修復者無法再抵禦體內的生物破壞王，如類胰島素受器體基因等。藉由抑制類胰島素受器體基因的活動，凱尼恩的研究團隊讓細胞修復者可以更有效地運作。細胞似乎自覺還年輕，活動力便也跟著年輕了起來。

人可以長生不死嗎？

全世界最老的人類，法國女性珍妮．卡爾門享年一百二十二歲。她比女兒和孫子都還要長壽，所以沒有人可以繼承她在法國阿爾勒（Arles）的公寓。她把公寓賣給了一名律師，律師每個月要支付他一筆費用，一直到她過世為止。一九九七年卡爾門過世的時候，她每月所領的金額合計已經達到了公寓價值的兩倍。

沒有什麼特別的理由可以解釋卡爾門為什麼活得這麼久。目前也沒有人打破她的紀錄。許多科學家認為一百二十歲左右可能是人類外在生理年齡的上限。現在的百歲人瑞比以前多了不少，但截至目前仍未見典範轉移。

這也許與我們細胞可以分裂的次數有關。一九六一年，加州大學（University of California）解剖學教授李奧納．海弗利克（Leonard Hayflick）發現，正常的人類細胞在細胞死亡之前分裂的次數是固定的。海弗利克和他的助理在他的實驗室內，把細胞放在培養皿中，觀察細胞複製繁衍。海弗利克後來表示，當時這些細胞先是快速又「奢侈地」繁衍複製，他根本沒辦法救活所有細胞。但是一段時間後，最長壽的細胞約已分裂了五十次，此時複製的過程停擺了。細胞不再分裂了。

海弗利克稱此階段為「衰老期」（senescence）——細胞尚未死亡，雖還活著卻已失去分裂能力的階段。而細胞開始死亡的時候就是所謂的「海弗利克極限」（Hayflick Limit）。我們認為所有生物都有海弗利克極限。

人不會某天就忽然達到了海弗利克極限，然後兩腳一蹬。當太多細胞進入衰老期，我們的組織就會開始老化；傷口癒合更耗時，也更容易感染。這些衰老的細胞就坐在那兒，虛弱地呼喚著免疫系統來幫忙，並造成發炎。這可能會導致晚年衰老期更長、更痛苦。

海弗利克發現我們的細胞有內建計數器，可以紀錄細胞分裂的次數。這個計數器連在染色體兩端小小的保護套——端粒——上面。每次細胞分裂的時候，端粒就會縮短、老化，有點像鞋帶頭的塑膠套膜。到了端粒過短的時候，細胞就會停止分裂，細胞內製造能量的粒線體也會開始減少。端粒當然不是衰老期的唯一因素——我也不建議你馬上跑去花大把銀子檢查你的端粒，沒這個必要。被給予端粒酶的老鼠活得比較久，端粒酶是可以重建端粒的酵素。但是目前仍未找到可以給人類更多端粒酶卻又不觸發癌症的方法——無限度的細胞分裂會導致惡性腫瘤。

「長生不死」的生物

端粒酶這種酵素對我們的早年有益，但晚年卻可能會致命。睪固酮賀爾蒙也很類似：睪固酮使年輕人更強壯，但是會讓年長男性處在攝護腺癌的高風險之中。

在研究老化時，你會發現各種演化上的交換機制。這引出了一整個重要的議題。原來類胰島素受器體基因是人生初期的關鍵，胚胎要有類胰島素受器體基因才能發育。但是人生晚期，如同辛西亞．凱尼恩在她的線蟲上所觀察到的一樣，類胰島素受器體基因就會變成破壞王。

想要延長壽命的科學家努力對抗著長壽和繁殖不能兩全的演化機制。演化理論告訴我們，人類一但超過生育年齡，已經完成改善並維持基因庫的使命，也善盡了照顧兒孫之責，人生的目標就完成了。飢荒時只能攝取有限的熱量努力生存的動物，在饑荒那段時期常會變得不孕，把有限的資源用來生存。有些生物則不像人類一樣會老化。

二〇〇七年，美國緬因州一名漁夫無意間捕獲了一隻巨鉗龍蝦，從重量來判斷這隻龍蝦，應該已經一百八十歲了，令他感到吃驚。龍蝦是「長生不死的生物」。他們會一直長大，除非被捕或是受傷，而且隨著年齡增長，他們的生育能力會變得更好，因為體型越大就越不容易成為獵物。經過演化，龍蝦體內對早年有益卻對晚年有害的基因數量變少了。

事實上龍蝦並非長生不死：牠們要長大就要脫殼，殼太大的時候，牠們就會沒有足夠的體力脫殼。接著牠們很快就會死亡，如同老年人死於肺炎一般。雖然龍蝦有很多端粒酶，但他們不會得癌症，因為他們體內有其他基因可以平衡端粒酶，這點與人類不同。龍蝦的生育能力也不會衰退——其他一些生物也有這種特性，如布氏擬龜（Blanding's turtles）。

超級百歲人瑞的死亡機率較低

雖說目前還沒有人比珍妮．卡爾門更長壽，但我們也已經發現，極老的人類中有種奇妙的現象：只要能活到一百〇五歲，死亡機率就會開始趨緩。

義大利人口統計學者伊麗莎白．巴比（Elisabetta Barbi）帶領的團隊研究了二〇〇九至二〇一五年間，三千八百位一百〇五歲的義大利人的相關資料，這些人多為女性。研究團隊發現，八十歲以前的死亡率會以指數級升高。然而到了八十歲之後，死亡率就會趨緩，到了一百〇五歲時開始「持平」。一百〇五歲的死亡率是百分之五十，是很高沒錯，但是到了這個年紀之後，死亡率好像就不會再繼續升高了。不管你是一百一十歲還是一百一十五歲，你騙過死神的能力都和一〇五歲一樣。這些人真要過世時會走得很快，死因是器官衰竭而非令人痛不欲生、苟延殘喘的慢性疾病。這聽起來很吸引人——

不過當一個一百〇五歲的人可不輕鬆。

某項針對一百一十歲以上「超級人瑞」的研究也加強了超年長的人可能可以逃過延長的衰老期的說法。其中將近一半的研究對象都還能夠自理。僅少數人患有糖尿病或是帕金森氏症，而他們幾乎免疫於心血管疾病。

看樣子極老的人類可能可以抵抗岡珀茨法則（Gompertz Law）。根據岡珀茨法則，死亡率會隨著年齡呈指數型成長。一八二五年，英國數學家班傑明．岡珀茨（Benjamin Gompertz）提出了這個法則，認為人類在三十歲以後，死亡率約每八年會翻倍一次。但是巴比的發現卻認為，人類到了一百〇五歲之後就不適用於該法則了。

另外還有一種可以推翻岡珀茨法則的動物是裸鼴鼠。這種奇醜無比的粉紅嚙齒動物出沒於東非的乾旱沙漠，不管是三歲還是三十歲，死亡率都一樣。牠們是地表最長壽的嚙齒類動物，對癌症的抵禦能力非常強。根據谷歌在舊金山成立的抗老化研究機構加州生命公司（Calico）二〇一八年進行的一項研究，裸鼴鼠的老化方式不同於其他生物。

裸鼴鼠的衰老期是「怠慢性衰老」（negligible senescence）。目前有很多關於怠慢性衰老的相關理論，但確切原因仍不明朗。消弭老化工程策略基金會（Strategies for Engineered Negligible Senescence Research Foundation，簡稱 SENS）的創辦人，大鬍子老年學家奧布里・德・葛雷（Aubrey de Grey）博士相信，裸鼴鼠細胞受損時，身體可以立即進行修復。葛雷博士有個相當著名的發言，他說他相信目前在世的某人──也許是某個五、六十歲的人──將會活到一千歲。葛雷博士在二〇〇三年創立了瑪士撒拉老鼠獎（Methuselah Mouse Prize），可以成功使老鼠壽命創新高的研究員就可以獲獎。

葛雷博士引起了很多爭議。瑪士撒拉老鼠獎創立兩年後，備受敬重的《麻省理工科技評論》（MIT Technology Review）的編輯傑森・彭汀（Jason Pontin）便祭出兩萬美元的獎金給任何可以證明葛雷的消弭老化工程策略只是癡人說夢的分子生物學家。但是沒有一個申請者能成功證明消弭老化工程策略為誤。企業家兼投資者吉姆・梅隆（Jim Mellon）表示：「奧布里的某些預言正慢慢朝著現實的方向邁進。」但是彭汀及其他許多科學家仍相信，以目前可知的科技來說，葛雷心中的細胞核重組工程根本不可行。

有可能成為長生不老藥的化合物

「人類壽命沒有上限，」哈佛醫學院的遺傳學教授大衛・辛克萊（David Sinclair）

輕聲表示。「是啦，若回顧歷史，人類壽命顯然約莫一百二十歲。但這就像是在一九〇〇年說人類永遠不可能達成動力飛行。」為了加強他的論點，他露出牙齒笑著，把一張好大的萊特兄弟照片從桌上推到我面前——世界首架成功飛機發明者的黑白照片。

我有些不安，深吸了一口氣。我們坐在辛克萊教授的辦公室，辦公室內滿是整齊疊放的書本，但是教授的個性比空間本身還要搶眼。雖然我們已經在電話上聊過很久，我還是沒想到他本人會這麼強勢。教授外型精瘦，像個小精靈，身上深灰色的T字衫上寫著「超怪咖」。他聲音很小卻語出驚人，散發著強大的個人魅力。

大衛．辛克萊是個少年得志的神童，年僅四十八歲就已經成立了九間生物科技公司，投資了三十五項專利，還被《時代》（Time）雜誌譽為世界百大影響力人物。世界各地的同儕審查期刊上都刊有他的研究。他辦公室牆上掛滿了文獻引用以及裱了框的雜誌文章。辛克萊不像其他我認識的科學家，他精力充沛，甚至感覺有點莫名樂觀。

辛克萊入行時替李奧納德．古倫特工作，而他在古倫特實驗室幫忙時發現的 sirtuin 基因也成了他自己研究的靈感來源。那時起，辛克萊就開始積極推廣各種不同的化合物質，有些也已送藥廠檢驗。

辛克萊早期推廣的化合物中有一項是白藜蘆醇（resveratrol），白藜蘆醇是存在於紅酒中的抗氧化劑，被認為是有效的 sirtuin 基因啟動物質。被給予白藜蘆醇的老鼠的壽命明顯比其他老鼠長得多。一個人要喝下好幾百杯紅酒才能達到相同的效果，而且目前尚未有人能證實這麼高的劑量對人體無害——雖然辛克萊表示實驗室老鼠也服用了相當高的劑量，非但長得很好，活動力也變強了。

白藜蘆醇這個領域有不少質疑的聲浪。二〇一〇年，葛蘭素史克藥廠（GlaxoSmithKline）剛結束了白藜蘆醇專利配方的臨床實驗，這項實驗是葛蘭素史克藥廠在併購辛克萊創辦的 Sirtris 藥廠（Sirtris Pharmaceuticals）時一併買下的。白藜蘆醇可能有副作用。值得一提的是，我認識的美國人中，有好多人都會到健康食品商店購買白藜蘆醇。「十年後就可以見真章，知道哪些是真有其事，哪些是浪費錢，」其中一人最近這樣告訴我。「但那時我可能早就死了。」

辛克萊的實驗室不為所動，繼續研究其他可以延緩老化的分子。其中二甲雙胍是由法國丁香萃取出的處方藥，糖尿病患者很常使用，因為二甲雙胍可以增加胰島素敏感度並且降低血糖值。但是二甲雙胍也有其他出人意料的功效——似乎可以延緩某些特定癌症的發展。英國卡地夫大學（Cardiff University）於二〇一四年的一項研究發現，服用二甲雙胍的第二型糖尿病患者的壽命比未患糖尿病也沒有服用該藥品的人還長。這項驚人的發現可能會對未來有很大的影響：不僅是對糖尿病患者，對每個人都是，因為隨著年齡增長，我們的器官對胰島素的反應就會變差。

在某項延緩老化方法的臨床實驗中，二甲雙胍是主角。這項實驗由美國老化研究中心（US Institute for Aging Research）創辦人尼爾・巴茲萊（Nir Barzilai）博士主持，目的是要沒有糖尿病但有服用該藥物的年長者，與沒有服用該藥物的對照組相比，看年齡相關疾病是否得以延緩。巴茲萊的目標是要說服法規制定者將老化列為疾病的一種。若能成功，未來就可以推出改善老化問題的藥物。

人體實驗極為重要，因為囓齒類動物不是人類——這點不言自明。台灣有項研究指出，服用十二年以上二甲雙胍的糖尿病患者罹患帕金森氏症和阿茲海默症的風險可能會變高。不過我也認識一些長壽專家說，他們會上網購買不需處方的二甲雙胍來服用。

辛克萊近期一項發現是青花菜和甘藍菜中的一種化合物質——菸鹼醯胺單核苷酸。菸鹼醯胺單核苷酸（nicotinamide mononucleotide，簡稱 NMN）似乎與熱量控制有相同功效，因為身體會把煙鹼醯胺單核苷酸轉化成神奇的菸鹼醯胺腺二核苷酸。

辛克萊開始興奮地手舞足蹈起來，說他的團隊最近在老鼠身上做的菸鹼醯胺單核苷酸實驗。他們發現年長老鼠的組織和肌肉老化的跡象有所反轉，甚至已經無法分辨兩歲和四歲的老鼠。「年長老鼠的細胞和年輕老鼠的細胞已經難以區分，」辛克萊興奮地說著，丟了一份《細胞》（Cell）期刊給我，期刊上登著這項發現。「這些老鼠比較瘦，活力比較旺盛，在跑步機上也可以跑比較久。」

辛克萊很快就會開始進行相關人體實驗：他認為實驗若能成功，接下來的三至五年中，安全的新藥就可以問世。辛克萊認為現在服用菸鹼醯胺單核苷酸其實已經很安全，因為它是「一種保健食品，就像大顆的維生素B3一樣，我們不過是在補充流失的成分而已」。辛克萊本人也服用菸鹼醯胺單核苷酸，他表示自己感覺比較不易疲累，雖然他也承認這點不算是什麼有力的證據。

為什麼辛克萊對菸鹼醯胺單核苷酸、白藜蘆醇和二甲雙胍這類的化合物這麼有信心呢？原來辛克萊為時最長的人體實驗對象就是他父親。老辛克萊服用這些化合物已經超過十年了。「我父親在一九五六年逃過匈牙利革命，跑到了澳洲，」他告訴我。「他不認為自己會長壽；他母親最後十年的人生是在安養院度過的。我們就是所謂基因不好的家族。父親六十七歲退休後打算花幾年的時間旅遊。十二年前他開始服用白藜蘆醇。他說他並不相信這項研究，但是他也說：『我又有什麼損失呢？』」

辛克萊把手伸到右邊，從旁邊的桌上拿起一個相框，照片上有三個面帶微笑、活力充沛的登山客站在小山坡上。其中一位是他的父親，看起來很年輕。「十八個月前，」辛克萊慢條斯理地說：「他開始服用菸鹼醯胺單核苷酸。能見證這一切很不可思議。父親現在七十八歲，他的朋友要不就是過世了，要不就是幾乎沒辦法走出家門，但是父親卻感覺自己比三十幾歲時還要年輕。他會去登山，會去急流泛舟。他都不會累，還上健身房，是他那群朋友裡身體狀態最好的。」

辛克萊說他自己服用白藜蘆醇已經十年，家族中也有一些成員在服用這類產品。其他科學家則半信半疑。他們指出有些糖尿病患者已經停用二甲雙胍，因為會造成腹痛和腹瀉；葛蘭素史克也終止了二〇一〇年的實驗。這些科學家擔心辛克萊對效果有限的化合物質過度樂觀。但是辛克萊卻信心滿滿。他說根據一間叫做「Inside Tracker」的公司所提供的數據，過去兩年中，他本人的身體年齡變年輕了。（他本人是這間公司的董事會成員，該公司使用人工智慧來分析基因資料）。辛克萊甚至相信這些化合物只是一個起頭。他也開始熱衷於表觀基因體（epigenome）——表觀基因體是人體用來控制哪些基因應該要在什麼時候活動的系統。在我們年輕的時候，這個系統可以有效運作，釋放化學訊號，管好體內的「破壞王」。他說隨著年齡增長，這些訊號會受到「外部噪音」（epigenetic 'noise'）干擾，最終把我們帶入衰老階段。辛克萊說陽光造成的損害還有輻射線都是「外部噪音」的來源。這也是所以他不願意進入機場的人體掃描機。他告訴我他和機場人員說明自己的職業後，他們會讓他從外側通過。自從聽了這個故事，我就在想自己是否也應該避免人體掃描——但是截至目前我都還沒法厚著臉皮提出這種要求。

辛克萊的實驗室努力想要解開人體修復者和破壞王所使用的表觀遺傳通路（epigenetic pathway）。白藜蘆醇和二甲雙胍可以啟動活化 sirtuin 基因的表觀遺傳通路。

第一個經人體實驗的老化研究

在二〇一四年一項號稱「第一個經人體實驗的老化研究」中，數百名六十五歲以上的澳洲和紐西蘭人領到了一種由南太平洋復活節島上的細菌提煉出的藥物。「雷帕黴素」（Rapamycin）這個名稱來自於復活節島當地語言的島名——「Rapa Nui」。多年來，醫師使用雷帕黴素作為免疫抑制劑，預防器官移植時的排斥現象，亦有研究顯示雷帕黴素可以成功將老鼠的壽命延長百分之二十。

研究員給即將接受流感疫苗的候診人施打一種版本的雷帕黴素。他們發現這些人的免疫系統與其他人相比，比較能做出有效反應：彷彿他們比較年輕。這是一項非常重要的發現：看樣子雷帕黴素也許可以延緩隨著年齡增長而造成的免疫系統衰退。雷帕黴素可以抑制 mTOR 複合體（mTOR complex），mTOR 複合體是調節新陳代謝的基因組。抑制 mTOR 可以達到與熱量控制類似的效果，讓細胞進入生存模式，進而延長壽命。

這使 mTOR 成了老化研究一個很重要的關鍵。大家開始積極尋找沒有副作用，可以溫和地抑制 mTOR 的方法。西雅圖甚至有人在研究雷帕黴素是否能延長中年狗的壽命。

使用幹細胞來回春

在人體老化過程中使用幹細胞來製造新器官的相關討論有很多。有些「多功能」幹細胞可以用來製造體內任何一種細胞。已有人使用幹細胞來治療病人因年齡增長而引起的黃斑病變視力衰退以及受傷的脊髓。若能研發更多幹細胞工程，也許就可以重設老化的時鐘——例如使用幹細胞來培養新的肝臟，這樣就不用像以前一樣擔心身體會出現排斥移植器官的問題，因為新的器官是從自己的身體長出來的。

斑馬魚已經可以做到這點：他們可以自行製造新的心臟組織。倫敦國王大學（King's College London）的科學家發現，斑馬魚再生心臟和成年人細胞修復受損肌膚的方式有其相同之處。而且這樣我們便可以避免從胚胎取幹細胞的道德問題，日本科學家山中伸彌證明：成年人的細胞經過改造也可以變成多功能細胞。

再生器官的技術要達到安全標準，大概至少還要十年。幹細胞療程大多未經臨床實驗證實，世界各地如雨後春筍般冒出的可疑診所也令人感到憂心，甚至有報導指出有診所宣稱可以改善病患的視力，卻導致病患失明。科學走在法規前面的時候會有巨大風險。但是大衛．辛克萊等科學家認為，立法者需要用全新的角度來看待老化。

應該把老化當作疾病來看嗎？

本章中列出的各種發現說明，老化可能是在某種程度上可以治療的症狀，並非無法避免的問題累積。許多生物老人學家現在認為，老化應該被列為疾病。

傳統醫學一次治一種病：癌症、心臟病、中風。但就算我們成功根治了一種疾病，頂多也只能延長四至五年的壽命，因為我們還會面臨到其他疾病。心臟病死亡率急速下降固然是好事，卻會造成未來有更多的人罹患失智症。癌症也是一樣。這是因為這些疾病的主因都是老化。我們過去總以為老化不是我們可以控制的變數。但若是要大幅提升健康的壽命，就必須對抗老化。

辛克萊、凱尼恩、古倫特和他們的同事開啟了新的可能性，讓我們可以從老化本身的生物機制下手。他們藉著啟動面對飢荒等壓力時用來保護細胞和組織的古老基因迴路，使整個生物體得以回春。用來啟動這些迴路的抗老化的藥物便可以同時延緩許多疾病的發展，不只針對單一疾病。但是坊間的研究獎助金大多還是針對單一疾病，而非老化本身。辛克萊表示，在老化研究的投資約僅有心臟病和糖尿病的百分之一。

「這方面的醫學發展不被認可。」大衛．辛克萊說。「他們要不認為我想做的事是天方夜譚，要不就認為沒什麼特別。但是一次只能處理一種疾病是二十一世紀的醫學悲劇。老化研究社群想讓大家明白，我們不該只讓身體的某一部分繼續活下去，不能只針對一個器官或組織，而是要啟動身體自有的抗衰老、抗疾病機制，讓所有器官保持健康年輕有韌性，也就是說，你可以針對糖尿病服藥，又不用承擔癌症的副作用，而且還可以像我七十八歲的父親一樣爬山。」

當老化被認為是無法改變的，就會忽然冒出一票科學家搶著想要讓抗老藥物問世。藥品管理機關只發照給針對特定疾病的藥品。老化不被認定為疾病，因為主管機關不認為老化可以治療，就更別說治癒了。這樣將會難以說服藥廠投資，因為藥廠申請許可可能會失敗，導致自己的發明無法上市販售。

世界衛生組織每二十年就會重新整理一次疾病類別。目前也已有團體開始遊說世界衛生組織把老化列為一種特定病症。然而努力替癌症或阿茲海默症爭取研究經費的團體很擔心寶貴的經費會被異想天開的計畫給分一杯羹。一大票跨界到抗老化領域、到處販售不實藥品的不肖商人，更使大家對抗老藥品的疑慮有增無減。此外，提昇人們擁有健康老年生活的機會，比起盲目尋找永生仙丹更正當、更有價值。比爾．蓋茲（Bill Gates）就曾說：「瘧疾和肺結核的問題仍在，富人卻在投資讓自己長壽的發明，感覺很自私。」

但延長健康壽命的藥物，有太多的潛在好處。如果老化可以被界定為疾病，就能解鎖藥廠的大量投資，我們的思考模式也可能因此有所改變。我們現在很早就開始擔心晚年，而活得更久、更好的可能性變高，會令人感覺如釋重負。人生最後那幾十年要怎麼度過，將會有很大的翻轉。

宇宙新霸主

寫這本書的過程當中，我發現原來有好多人在服用本章中提到的化合物，人數多到令我驚訝。這些人自成一個封閉的小圈圈——他們是富裕的高知識分子，讀了相關研究之後，決定不妨一試。和其中一些人聊過之後，我實在很難不想，也許戰勝老化是最終極的地位象徵。

如果可以全盤證明抗老藥物有效，就必須確保這些藥品不成為富人的專利。大衛・辛克萊保證若是自己成功得到食品藥物管理局（ＦＤＡ）製造抗老藥物的許可，便會讓他的抗老藥物普及於大眾：「我認為這實在太重要了，不能只提供抗老藥物給負擔得起的人而拋下地球上廣大的其他區域。」這抱負可圈可點。

抗老藥物在二十一世紀的重要性以及改變世界的能力，也許可以媲美二十世紀的抗生素。而能夠稱霸這個領域的公司將會是世界級的大企業——可能會成為谷歌或亞馬遜的對手。看好了。

第七章
走跳時代：人人都需要生活圈

以下兩個敘述，你認為自己偏向哪一種？

「大多數情況下，可以大方相信別人」還是「大多數情況下，與人相處謹慎小心」？

在十四個歐洲國家問到這個問題時，較同意第一個敘述、較有信任感的人的健康情形，比善疑的人好得多。世界衛生組織的研究員發現，最樂觀、最健康的人多出現在「社會資本」較高的地方——社會資本是生活圈內成員彼此信任、頻繁互動以及彼此幫助。

「健康老化的關鍵是人際關係、人際關係，還有人際關係，」哈佛成人發展研究（Harvard Study of Adult Development）的計畫主持人，精神科醫師喬治．威朗特（George Vaillant）說。這項為期八十年的研究追蹤了一群哈佛的大學生以及城市另一頭一些貧窮市民的一生。這些人有些成了工廠的工人，有些成了律師；有些成了癮君子，有些患有心理疾病；有些從波士頓貧民窟爬到了社會階層的頂端；有些則走上了相反的路。但是不管他們最後在什麼位置，社群連結較強的人都比孤單的人快樂、長壽，身體也更健康。

「研究初期，沒有人在意同理心和歸屬感，」威朗特說。沒想到最後卻發現，幸福的婚姻和穩固的友誼非常關鍵。威朗特發現，重點不在人際關係的量，而是人際關係的質。感覺身邊有可靠對象的人，到了八十歲時頭腦比較清晰，也表示自己比較快樂，就連身體不適的日子也是一樣。

有朋友可以依靠的安全感，大概是最好的壓力緩衝。沖繩人的「模合」朋友圈就是如此，我們每個人也都需要這樣的社交圈。孩子離家追尋事業，另一半或朋友過世等，使很多人變得孤立無援，居住環境周遭沒有可以依靠的人。據說缺少社會連結對健康造成的傷害，和一天抽十五根菸差不多。

我父親在這方面實在非常幸運。他過世的十五年前住在倫敦，就在我家轉角。但是樓上鄰居太吵，父親受不了便搬到倫敦內比較有村莊感的區域，那裡有小房子、小路。他在那裡本來就有一個朋友，也很快就結交了更多新朋友，這些人都比他年輕很多。其中一個鄰居救了他一命，這位鄰居納悶怎麼好一陣子沒看我父親上街，就衝到他家，用備用鑰匙進了家門，發現我父親被困在浴缸裡。父親的葬禮辦在當地教堂，在我們前往附近酒吧之前，一些我從來沒聽父親提過的人出現了。那裡就像是座落在世界大首都正中央的一個古早味鄉下村莊，是貨真價實的生活圈。

重新打造生活圈

在過去，生活圈是讓人感覺安全的地方。左鄰右舍彼此關照，哪裡不對勁也會馬上發現。這樣有時也挺有壓力——維多利亞時期的小說中一堆愛說閒話、好管閒事的老處女就住在這種地方——不過比起現代，卻少了分寂寞。隱姓埋名的都市生活開始流行起來，家庭規模越來越小，大規模宗教活動式微，使得自然的集會環境消失了，世代之間也產生了隔閡。孤獨和焦慮對健康有害。有項研究甚至指出，孤獨和焦慮也有可能造成失智症。

重新建立社群的需要迫在眉睫，處處有人提倡，但是大家不太確定該怎麼做才好。

不可能強迫人加入社團。人類是驕傲的生物：很少有人願意承認自己孤單。

那該怎麼做呢？

荷蘭學者莉莉安・林德斯（Lillian Linders）針對她稱為「請求顧忌」（request scruple）的現象撰寫了相關文章——我們不願意請求協助是因為我們害怕依賴，或是我們把獨立的生活想得太美好了。林德斯研究了荷蘭較貧窮的工業區，發現這些地方的居民在心理上常是隨時準備好要幫助別人，但要實際伸出援手前卻又躊躇不前：林德斯將這種現象定義為「支援顧忌」（support scruple）。然而，若是他人克服了請求幫忙的心魔，他們就會願意出手相助，如果剛好又住在附近，幫忙的意願就會大幅提升。

許多年前我造訪了倫敦南部的南華克生活照護圈（Southwark Circle），該機構協助五十歲以上的獨居者彼此照顧。我認識了一個向一名西班牙女士學習語言的老先生，他倆大笑著說老先生學生詞的能力已經沒救了。但是學習西班牙文並不是重點。南華克生活照護圈做的一項評估發現，這樣的活動可以減少家醫的「不必要造訪」次數，因為這些孤單的人都在交新朋友。這類的會員制機構可以幫助我們克服人與生俱來的顧忌——因為這些機構的主要運作方式就是互惠。

麻州波士頓畢肯丘（Beacon Hill）有一群中年人在二十年前發現他們居住的社區很

能發揮生活圈的功能。他們心想，若是可以加深居民之間的關係，也許就可以在自家終老一生，照顧自己也彼此照顧。他們創立了一個會員制的機構叫做「畢肯丘村」（Beacon Hill Village），畢肯丘村目前也吸引了超過三百五十名來自世界各地的外來「村民」。

畢肯丘村

波士頓喜樂街（Joy Street）上，八十四歲的蘇珊·麥克懷尼細細回憶著一九九九年某天晚上，她和十名當地居民聚在一起，集思廣益想辦法避免自己走上父母輩的辛苦晚年。

「我們聊到我們的經驗，」麥克懷尼告訴我。「說我們對安養中心很失望。我們感覺自己比社會機構更了解自己需要什麼。我們也希望大腦跟身體都可以保持活躍。」

當晚那群人的年齡介於五十五至八十歲之間：有些退休了，有些還在工作。他們決定創立一個社團，藉由社團舉辦社交活動、提供幫助維持體態的運動課程、安排每週購物及醫院往返接送服務。

就這樣，畢肯丘村在充滿歷史，爬滿藤蔓的聯排房屋和古色古香的油燈街燈中誕生了——這個地區吸引了許多遊客從麻州議會大廈（Massachusetts State House）走上「自由之路」（Freedom Trail）。那天頗冷，我從地鐵紅線查爾斯站（Charles）走路過來，陡峭的紅磚人行道很滑。這裡的山丘出了名地峰迴路轉，斜度跟舊金山有得比，我覺得這鋪石子路到了冬天應該很危險，但是拄著拐杖的麥克懷尼爽朗地說這是她的有氧運動：「有人說紐約人比較健康，因為紐約人搭地鐵要一直上下樓梯。這裡也一樣。我身邊一堆人換了人工髖關節。我住雙層公寓。」

麥克懷尼穿著紅色長版上衣，內搭黑色的絲質衣服，她滿頭白髮，黑框眼鏡底下的眼神相當銳利，身上自帶著一種威嚴。自從去照護中心看她婆婆之後，她便深信人必須要在自己家中生活。她說：「照護中心很糟。我們以前會帶她出去野餐，這樣她才不用坐在那個可怕的餐廳吃飯。某個週六，我們聽說她和其他人一起在樓下。我們下樓後，她人在門口，坐著輪椅，雙腳穩穩地踩在地上。護理師說：『她很固執，不讓我們推。』這是她表達拒絕的唯一方法，就是把腳放在地上。」

畢肯丘村的創辦團隊明列出自給自足以及主動幫忙的原則，這些精神與波士頓十七世紀的清教徒傳統相當一致。組織經營者和經費來源必須是會員，不可以是州政府。所有人都有機會加入畢肯丘村——他們低調募款，幫助經濟情況比較吃緊的人支付會費。經常性支出也盡量降到最低：「我們堅決不置產，也不要大批員工，」麥克懷尼說。他們的辦公室很小，裡面沒什麼東西。我造訪時，他們正為了是否要租廂型車而吵得沸沸揚揚。

想要獨立的慾望是很強大的動機。我問麥克懷尼是否曾考慮搬去和孩子住，她聽完告訴我：「我花了二十年把他們養到獨立，他們現在都有正職工作，自己也有了孩子，生活型態很複雜。我寧可和女兒共進午餐也不要讓她帶我去做大腸鏡。而且我想要按照我自己的時間吃飯、睡覺、散步，不想配合他人的時間。」

雖然組織召集人各個充滿決心，要打造這樣的人際網絡也並非一帆風順。「第一個晚上有六十人個人報名，」麥克懷尼說。「我們很開心。但是下個月我們卻只有一個新會員。」他們錯就錯在比組織取名為「退休社群」（virtual retirement community），聽起來像是給垂垂老矣的人參加的社團。「沒人喜歡。大家會說：『我等老一點，準備好了再來加入。』我們當時還不明白自己的群體內也有年齡歧視。」

他們把名稱改為畢肯丘村，於是現在有了好多好多敦親睦鄰的溫暖故事。人見人愛的蒂納從護理師的工作退休之後搬到了畢肯丘村。蒂納沒有結婚，工作非常認真，她沒認識什麼人，於是便決定加入畢肯丘村的生活。她在畢肯丘村的九十歲生日派對據說「超炫」。但是兩年後，蒂納跌倒摔斷了大腿骨，被送往醫院。醫生告訴蒂納她必須去住安養中心。

「蒂納說不要，她要回家。」畢肯丘村執行董事蘿拉．康諾斯（Laura Connors）以及一位少數給薪員工說。「但是要從街上走到她家大門要爬四格階梯，接著還要推開超重的大門才能搭到電梯。」在一名朋友的協助之下，蒂納好不容易進了家門，但是她進臥房之後發現床太高了，便打電話給畢肯丘村的人。「不到十分鐘，」康諾斯說：「就有兩組鄰居到了她家門口。一對夫婦把蒂納的床墊搬下床放在地上，攙扶蒂納上床。第三個人和蒂納玩遊戲消磨時間，第四個人則開始打電話問公寓，最後總算是替蒂納找到了一間新的公寓。」

每個人都希望在有需要的時候可以獲得這樣的協助——來自朋友的協助，互相尊重的協助。麥克懷尼強調，畢肯丘村並不是一個社福機構，而是自願者共同建立的網絡。她說在她獲邀至美國其他地方演講時，必須一直解釋這點。「會有人問我：『要怎麼知道妳的客戶（我們從來沒有用過這個詞）有乖乖吃藥？』或是『怎麼確保他們不跌倒？』我會說我們知道這些很重要，但是我們得試著幫助人們照顧自己。」

畢肯丘村負責整合資源。舉例來說，他們有推薦的居家協助機構，但是不提供居家協助。「你可以打電話到村辦公室問：『我上哪找水管工？』或是『如何申請社會安全補助金？』」康諾斯說。「電話是真人接聽，不是『水管工請按一，社會安全請按二』，而是聽你說話、給予回應的真人，通常是志工。」

曾為講師的莫瑞．法蘭克在妻子過世後入住了畢肯丘村。「我的婚姻生活非常美滿，妻子去世時我整個人像是被掏空了。然有人拉我去參加一個會議，基本上我就是參加了會議，問了個問題，然後就成了會員！」他露出燦笑，又接著認真地說：「我有好長一段時間都不自己出門。我做的唯一有趣事就是和其他成員一起去看演唱會。」

法蘭克穿著時髦的斜紋呢外套，留著修剪整齊的落腮鬍，眼神閃爍著光芒，他說他九十一歲了，我真心覺得不可思議。「你又不知道九十一歲的人應該長什麼樣！」法蘭克得意地輕聲笑著。他現在最喜歡出去走走、認識新朋友。上週他到公立圖書館附近閒晃，就認識了十個他以前從未見過的鄰居。

法蘭克說，這個年齡常會感覺自己是隱形人。「你走到百貨公司櫃檯，」他操著濃厚的波士頓口音緩慢地說：「櫃檯有我和另一個年輕人，你看櫃員會先服務誰！」他翻了個白眼。儘管如此，他一點也不想被困在都是退休老人的環境中。「我不想住進養老院，」他說。「養老院只有老人和病痛。我現在住的地方周遭都是小孩和在職的成人。而在我需要的時候，我有畢肯丘村。」

這些人並沒有坐等政府機關替他們決定如何過老年生活。他們自己打造了一個更堅固的社群，在這個社群裡，退休不等於寂寞，不等於無事可做。畢肯丘村位在繁榮區，不過也有其他許多經濟較不優渥的地區仿效畢肯丘村的模式。這種社群的核心價值是金錢所買不到的，是一群信念堅定的人共同採取行動。麥克懷尼打趣說法蘭克是個「忠貞分子」；法蘭克也逗她說她是「女教主」。

「我們是真的很幸運，」麥克懷尼說。「不過我也真心相信團結可以移山。」

退休村

很多人仍夢想著在海邊整理花園的退休生活。不過比起靜享退休人生，我們真正需要的是拓展網絡來因應可能比想像中還長久的未來。澳洲和美國有一種解決方案叫做

「退休村」，夫妻可以在退休村內開著高爾夫球車到處亂晃，參加瑜伽課，若是另一半過世了，甚至還可以追求新對象。退休村的成功體現在數據上：住在這種功能導向退休社區的澳洲人口數是英國的十倍——六十五歲以上的人口中有百分之五點七住在退休村。在澳洲，對於想要便利的醫療協助和醫療設施的人來說，退休村是一個很熱門的選擇：百分之七十以上的村民都使用過設施設置的緊急求救電話。澳洲的退休村通常都建在既有社區附近：一半以上的村民原本的住處距離退休村不到十公里。

中國也正大舉興建退休村。中國有些退休社區是由保險公司出資。北京東郊其中一個保險公司出資的老人公寓就建在醫院附近，讓居民多一分安心。歐洲有一種規模較小的退休社區，叫做「庇護住宅」（sheltered housing），獨立的公寓房圍繞著中央的公共區域，還有二十四小時的保全。

有些退休社區的設計真的很不錯，對許多有錢並且不想造成成年子女負擔的人來說，住起來相當舒適。但是這些社區並不便宜，所以也只有少數人可以入住。距離都市較遠的退休社區和「退而不休」的觀念有所衝突，此外有許多人感覺在這種地方很難建立深厚的社群感。一部分是因為這些退休社區常堅持居民一定要超過六十五歲，就變得有點失焦、有點太過刻意。但也有另一個原因：居民要的通常都是社區的設施，而不是共同生活的哲學。

丹麥與荷蘭在一九六〇年代首創了一種特殊的居住形式，讓很多來自四面八方的一起入住「共同住宅」（co-housing）。共同住宅中有獨門獨戶的公寓、共同生活空間，以及積極互相協助的哲學。共同住宅是一九二〇年代紐約合作公寓（co-op apartments）孕育出的產物，比較偏向自然形成的社群，因為這些居民聚在一起是為了要追求一種特殊的生活方式。不同於建商主導、追求商業利益的退休村，共同住宅的經營者是擁有相同信念的居民。

女性當自強

「可以一起經營這個地方讓我感覺生命充滿希望，」八十五歲的安琪拉・拉特克里夫說。拉特克里夫住在英國第一間老人共同住宅──「新地」（New Ground）。「我認為變老的要務是保持主控權。沒有人對我說過『妳需要照顧』──這使我們保持活力。」

拉特克里夫和一群年齡介於五十一至八十九歲間的女性一起住在倫敦北部的新地住

宅。這個明亮通風的住宅區共有二十五間公寓，拉特克里夫就住在其中一間。公寓外有花朵盛開的庭院圍繞，庭院由住戶親手打理。住宅座落的寧靜街道上矗立著維多利亞式的聯排建築，地鐵站就在附近。歷經了長達十八年的遊說，這個公寓住宅才得以在二〇一六年問世。有些提倡者都早已過世，沒能親眼見證新地。

新地住宅的空間設計可以促進居民的日常互動。廚房窗戶向外眺望人行道，走廊也會經過共同空間。「有人在共同空間的話，可以向他們揮揮手，」拉特克里夫說。「也可以過去聊個天，不想聊天也行。我們都有自己的生活。你可以待在自己的公寓中向外眺望可愛的庭院，可以看到其他人，不想交際的話也沒關係——但若你想交際的話，會有人在。」

拉特克里夫和她許多新地鄰居都是離了婚的女性。拉特克里夫最早是女演員，後來成了婚姻諮商師（她用微笑面對這個諷刺），然後學替丈夫和女兒做飯，後來成了兒童、家庭治療師。我問起為什麼這裡沒有男性住戶的時候，心想她不知會不會開始大談各種意識型態。但她只是輕鬆簡單地帶過，說：「那個世代提倡這間公寓住宅的女性，都離開了認為男性該應當家的伴侶。我想下一個世代應該要有所不同。」不管每個人各自的理由是什麼，顯然這些女性住戶中，很多人都因此而得到了解放。

新地住宅的問世與畢肯丘村很雷同，都源自於「想要保持獨立、不想被遺棄」的心情。一九九八年，六名彼此認識的女性意識到隨著年齡增長，住在城市越來越沒有安全感，而她們也不想要獨居。這些倫敦各地的女性便決定替年長女性打造英國的第一個共同住宅社群。

熟女共居組織（Older Women's Co-Housing，簡稱 OWCH）的成員都來自不同的背景，但是她們遵守著同一套謹慎制定出的原則。其中包含責任、彼此支持、對抗年齡歧視的刻板印象、愛護環境以及參與延伸社群。這不是門禁森嚴的社區，也不是來自世界各地的人聚在一起養老，這群人反而想要擁抱世界。

七十三歲的瑪莉雅．布蘭頓（Maria Brenton）是創始成員之一，她研究了荷蘭人讓老年人保持愉悅、保持活力的方法。「共享老年時光使他們更樂在交流。」她說。她相信共同住宅可以延長我們健康的時間，進而減輕醫療和社會照護體系的壓力——沒錯，這也是熟女共居組織創始人的明確目標。然而當地政府並不買帳，擔心若是有更多年長女性聚在這裡，社會照護開銷便會增加。這個計畫成了一個長久的拉鋸戰。熟女共居組織在尋求建商和地方政府組織的支持時，不斷碰壁，其中一個原因是她們堅持要收沒有能力在該建設中購買公寓、需要靠州政府補助的人。新地有十七間公寓的產權屬於住戶，八間是社會福利保障租期的租客。建商不喜歡把租賃住宅和社會住宅混在一起，而政府議會希望可以由她們選出可以遷入共同住宅的社會住宅住戶——但是這樣就違背了熟女共居主組織尋找志同道合的住戶的初衷。

布蘭頓說當地主管機關的態度很惡劣。「他們會對我說：『妳要使用公家預算，卻又要讓自行選擇鄰社，公益性何在？』」她說。「但我總回：『你們那種住戶單一的制度也沒多成功嘛？不是嗎？』」她告訴主管機關荷蘭鼓勵多元社區。

開了十三年的會，經過了各種討論、找地點、錯過好地點、打廣告、遊說和一次次的絕望，最後漢諾威住房組織（Hanover Housing Association）出手買下了現在這塊地。這些女性會員可以與自選的建築師一起設計新建築。設計的整個過程可以建立起深厚的情誼，不過熟女共居組織也強調，社區的重點最終是人，不是建築。如果住戶無法團結一心，努力打造出可愛的家園也就沒有意義了。

不可思議的是，這些女性目前尚未有人需要住進安養中心。「是會有些小狀況，」拉特克里夫說。「我們會替生病的人準備食物，也會有人去帶她們、抱她們、送她們去醫院——如果你有住附近的好友需要協助，你也會這麼做。」住在這裡很容易及時發現有人需要協助——從拉上的窗簾或很久沒出現的人就可以看出端倪。大家一點也不擔心自己會臥病在床好幾天還沒人發現。

打造未來

儘管好處多多，新地這類的共同住宅居然還是少之又少。荷蘭約有三百個共同住宅區，美國則有約一百六十個──其中有些是僅針對老年人。但是建商較感興趣的是打造富人的「退休村」或是替較窮困的退休老人蓋死氣沉沉的單臥房公寓，沒有含飴弄孫的空間，也沒有置放一生家當的空間。幾乎什麼都沒有。

在英國，六十五歲以上的人口中有三分之一的人獨居，其中三分之二是女性。但是很多地方政府對老年公寓很反彈，擔心這樣會造成政府公共服務的負擔。而且好的地點很貴，所以要打造有公共區域的平價住宅相當困難。但是如果我們可以替年長者打造更好的居住環境，就可以騰出更多空間給有需要的年輕人。

「我們需要重新洗牌，讓年輕人住進更大的房子，老年人住進溫馨、量身打造、沒有樓梯的環境。」社會住宅專家，漢諾威住房組織前主席勳爵理查．貝斯特（Richard

Best）說。「在英格蘭，有四百二十萬名退休老人名下的房子中有兩間臥房是空著用不到的。這些人當中，只要有百分之二的人可以搬出來，就可以騰出八萬五千個有花園的大房給需要的家庭。若每年都可以達成這個目標，十年後我們就有四百萬人有家可住！」

第一次見到活力充沛的貝斯特勳爵（他現年七十三歲），我還是英國內閣成員，正在煩惱英國的住房危機。在這個人口密集的國家，蓋新房的速度很慢，還有很多規劃上的限制，我感覺說服年長者縮小居住環境，是騰出空間給年輕人最好的方法。在英國，六十五歲以上的人約有三分之二擁有完全屬於自己的房子，其中許多是家庭式的大房，空臥房很耗暖氣費，花園對膝蓋不穩的人來說也是個麻煩。

調查顯示，這些人中至少有四分之一的人願意縮小生活空間。這樣便可以釋出大量六十歲以上屋主已付清貸款的房產——估計光是在英格蘭就有一點二兆英鎊的價值。但是我們需要誘人的替代方案。地方政府可以替願意縮小居住環境的人劃定專區，協助處理相關手續、協助搬家。英國政府可以提供搬家者的稅務減免，或是協助裝修，整理並運送累積了五十年的私人物品，不過這也會造成很大的心理障礙。

最終，我們還是會需要更多選擇。有些人需要縮小生活空間，但有些人的大房子卻又再度熱鬧了起來——因為長大成人的孩子回來了。金融危機及其餘波使得多代同堂成了經濟上的必須。

我認識的一對英國夫婦把地下室建成了「祖母樓層」，打算在未來無法爬樓梯時入住。而這個地下室現在變成了「畢業生樓層」，由兩個大學畢業的兒子入住。英國學生從一九九八年開始需要繳交大學學費，二〇一五年的畢業生中，將近半數都搬回家和父母同住。

有六千萬名以上的美國人目前居住的空間有超過兩代的成年人。二〇一四年，十八至三十四歲的人與父母同居的比例比其他居住形式都還要高，這是一百三十年來首見。

隨著經濟慢慢復甦，人們漸漸擺脫經濟上的不安全感，多代同堂現象是會退燒或是成為個人選擇的生活方式，仍有待觀察。改造房舍來容納更多人是個頗吸引人的可能。在加州，Nex Gen 建商成功創造了「兩房一價」套裝組：一房加上緊鄰一旁的小公寓。年邁的父母或就學中的孩子可以搬到隔壁小公寓，如此家人還在身邊，但又可以不用擔心為了搶廁所吵翻天。

新型態家庭

矛盾的是，許多年長者比以前更加孤獨了。尤其是離婚和再婚改變了延伸家庭的樣貌，使得家族成員很難同心，更別說實際住在一起了。

其中一個解決方法是創造新型態的延伸家庭——不過不見得是你自己的家庭。在德國，政府出資的「Mehrgenerationenhauser」（多代屋）中有育嬰室、家庭作業社團還有長青照護中心，這些都在開放空間裡。曾祖母、幼兒和難以在育兒與工作間找到平衡的單親爸媽之間沒有隔閡，多的是交流的機會。「祖父母服務」（Grosselterndienst）在年長者和單親家庭之間進行配對，讓長輩幫忙照顧小孩並給予情緒上的支持。

新加坡政府規劃了十個住宅建設中，才剛開張的第一個建設中有老人公寓，也有兒童的設施如幼稚園、遊樂場和托育中心。這項計畫以新加坡過去的傳統社區「甘榜」（Kampung）為名。新加坡建屋發展局在一九五〇年時為了讓人民離開貧民區而興建國宅，甘榜社區便隨著消失了。建屋發展局也開始興建大公寓來容納三代同堂的家庭，希望可以重新建立起傳統的敦親睦鄰價值觀。

不少社會企業家率先提出了一些不錯的居住規劃，這些人已經發現人生延長賽的生活型態正在改變。澳洲有個聰明的機構叫做「住家互惠」（HomeShare），他們會替有空房的老人和找房中的學生進行媒合，而房租是一週十小時的家務。

在都柏林，一位叫做約翰的老先生喪妻後讓學生愛美入住家裡的空房。約翰感覺家裡需要有人氣，也希望有人可以幫忙做飯。他說不孤單的感覺很好。愛美本來和六名學生一起住在一個擁擠的兩房小屋中，煮飯要搶，大家還會為了電表吵架，她的大學學業成績也因此受影響。「約翰很幽默。」愛美對愛爾蘭電視台說。「你馬上會喜歡上他，和他住在一起很好，他家人也很照顧我。」透過住家互惠的媒合，愛美和約翰已經在同一個屋簷下相處兩年了。這是終結孤單的好方法，不靠慈善活動，而是像以前人一樣互相幫助。

不同世代不願意交流的刻板印象可能要被顛覆了。這點我覺得在荷蘭最為明顯。

敦親睦鄰，不分年齡

走進位在阿姆斯特丹東邊兩小時處的代芬特爾養老院（Humanitas Deventer

retirement home），感覺就像是進入了一間喧鬧的咖啡廳。這裡沒有詭異的寧靜感，沒有枯萎的盆栽植物，也沒見到圍坐在電視機旁的老人。

養老院內反而是五彩繽紛、好不熱鬧。五個老人在酒吧區聊著天，頭上是顏色大膽的燈具。兩個幼兒站在那，深受與膝蓋同高的機器人法洛（Faro）吸引，法洛緩緩地在淺綠色的地毯上前進著，一邊唱著法文歌〈我無怨無悔〉（Je Ne Regrette Rien）。一名二十歲的學生在橘色的沙發上遙控著機器人，對附近的年長女士露出了微笑。

六名大學生與一百六十位年齡介於七十九和一百歲之間的年長者一起住在這裡。一個月花三十個小時和住戶相處，大學生就可以免付房租：他們會幫忙家務、教授電腦課程或是與住戶聊天。每一條走廊上住著一個學生。我在花園中走著，看到堆在陽台上的啤酒箱，就知道哪些是學生房了。年長住戶聽這些學生說著考試或感情的事精神就來了；若是有時看到新女友從防火巷溜走，他們隔天早上就會開始抽絲剝繭猜劇情。

「入住以前我心裡預設了各種限制，」大學生索赫斯．杜曼說。短小精瘦、滿臉鬍渣的杜曼有著天使般的微笑，他已經在這住了兩年了。「我當初只想到他們做不來的事。但是現在，我看到的是無限可能。」杜曼主修傳播，希望以後可以在公關界工作。他給我看他左肩上的紋身，刺的是他的舞團的名字：「以上皆是」（All of the Above）。

杜曼最近在電視節目比賽中拿下了霹靂舞的獎項。杜曼來到代芬特爾時最驚訝的是這裡的住戶「都還很有朝氣」。他喜歡狂歡：「我辦活動長輩會來參加，但他們九點就會累了先走。他們聽力不好，半夜在房間裡聽不到外面的音樂，所以他們也不介意。大家都很好相處。」他朋友不會覺得住這有點怪嗎？「不會，他們都知道這裡的情形。而且我的公寓比很多學生的房間好多了——我不用跟人共用，我有自己的廚房和廁所。」

杜曼最頭幾個認識的住戶中，其中一位是九十一歲的馬蒂，當時馬蒂需要 iPad 指導。很快地，技術指導演變成了促膝長談，話題是家人。「她很好奇我打哪來。她發現我是庫德人的時候還認真查了相關資料，跟我聊天。」他說。馬蒂告訴杜曼她的二戰經歷。杜曼一週會去找馬蒂聊天兩次。「現在看她，我看到的不再是九十一歲的婦人，而是一個人生歷練豐富的朋友。」

這裡孕育了真實的友誼，不是小學生快閃來唱首歌就閃人，而是隨著時間發展出來的誠摯友誼。從前小孩成長過程中有祖父母陪伴是很正常的事，但是現在我們需要靠社會來填補這塊空缺。

「有次有個學生約朋友來狂歡，房間裡有三個喝醉的女孩子，走廊上還掛著一件胸罩，」代芬特爾養老院院長吉亞・西普克斯（Gea Sijpkes）說。「隔天早上吃早餐的時候，住戶忙著講八卦，都忘了自己的膝蓋痛了。」養老院員工就不那麼開心了。但是，某天晚上一名護理師被一位惱怒的失智女士攻擊時，員工叫醒了學生尤林，是這位女士的電腦老師。「她一看到我就立刻放鬆了。」尤林說。那晚尤林陪著她，安撫她，跟她一起看片，早上再騎腳踏車去上學。

吉亞．西普克斯腳踩豹紋膝上靴，身穿黑色小洋裝，金髮往上梳成一顆包頭，說以前是龐德女郎不為過。她帶我上了一個鋪了亮色地毯的斜坡，我才發現這是精心包裝的殘障坡道。一位銀髮女士走下來勾著我的手，滿臉微笑，開始跟我說起她的父親。「這位是潔芮，她父親住在他樓上兩層，」西普克斯邊解釋邊抱了抱潔芮，潔芮愉快地輕吐了一口氣，重複說了一次「兩層」。「潔芮七十三歲，她父親九十一歲。她很不喜歡原本住的地方，所以我們把她帶來這，」西普克斯說完便未再多作解釋。代芬特爾養老院的工作是解決問題。

西普克斯在二〇一二年上任院長時便決心要打造「所有年長者都想入住的溫馨舒適家庭」。但沒那麼簡單。這棟建築是一九六〇年代的方正醜公寓，階梯鋪的是油氈地毯，而他們得到的政府補助和其他政府出資的養老院是一樣的。代芬特爾多數住戶都是勞工階級，沒辦法額外自費。

「我試著想像，知道醫生沒法治好你的感覺是什麼，」西普克斯說。「身為一個年長者，你會感到悲傷，因為你失去了朋友，斷了人際關係。我們無法改變這些事實。但是我們可以打造一個溫暖的環境。我想要每天得到一個微笑，而不只是每天吞下一顆藥丸。我希望這裡的人可以有自己的經歷，而不只是等孫子來看望。我心想，要怎麼做才能讓這裡充滿生氣呢？」

她把走廊漆成大膽的顏色，在失智住戶區的牆上放了塑膠花來吸收噪音，所有的門上也都畫上了街景，這樣失智症患者就不會察覺自己被關在室內。但是她也決意要拆掉養老院與外面的世界之間的牆。一番努力溝通之後，當地的學校還是不願意來使用養老院的設施，於是西普克斯便告訴養老院委員會她想讓大學生入住。

「他們說學生一天到晚忙著搞性愛、搖滾樂、嗑藥，無法和虛弱的老人同住。他們甚至認為學生可能會虐待老人，」西普克斯嘟著嘴說。「哪來的想法？學生都是很棒的年輕人，未來也都會變成端正的成年人。而且年長者才不虛弱──他們把自己的孩子撫養成人，有自己的生活，我們現在卻忽視他們的聲音，」西普克斯氣憤地說，她的藍眼珠射出銳利的眼神。

代芬特爾的願景有一個很關鍵的基礎，就是他們相信老年人仍是一個個體，仍有自己的意見與個性，而不只是需要接受照護的軀殼。他們稱院內老人為「鄰居」，不是病患，也不是住戶。這強化了家的感覺以及互助的精神。

養老院委員會最後終於同意讓一名學生入住，這名學生是歐諾．賽爾巴赫。賽爾巴赫是當地大學唯一一位回應了西普克斯廣告的學生。西普克斯告訴他，住在這裡只有一個條件，就是當個「好鄰居」。賽爾巴赫是社會工作學的學生，他在臥房內堆滿了啤酒，一開始員工對他很不滿，因為他有時會在凌晨帶著酒氣，踉踉蹌蹌地回家。但他很快就和這裡的住戶變成了朋友，有些甚至和他感情很好，其中有位九十三歲的老先生很喜歡跟他說戰爭的故事。

六年後，代芬特爾的學生申請者人數已經供大於求。我坐在餐廳看著二十二歲的新成員伊芙娜做事。伊芙娜打敗了想要申請同一間學生房的四十名學生。她穿著藍上衣和黑皮褲，紮著馬尾，跑來跑去，發餐巾給約二十五名滿心期待地騎著電動摩托車來參加「麵包午茶」的年長者——麵包午茶是勞工階級的傳統午茶，每天會有一名學生負責張羅。

來這裡和大她六十歲的人同住，不會覺得壓力很大嗎？「一點也不會，」伊芙娜露出了真誠的微笑。「這在裡很自在，每個人都很做自己，而且我喜歡幫忙。」她才剛說完，就跑去撿起某人掉在地上的刀子。老人家看著她的每一個動作，眼神閃閃發光。

「學生把外面的世界帶進來了，」西普克斯說。「比起一群年長者彼此聊天，學生對話的內容比較貼近每天的生活。上了年紀的人話題不出生病或是某人過世了。但現在他們聊的是杜曼跳霹靂舞得獎了！」

截至目前只有一名學生被請走——聽說這個學生只顧自己。其他學生都能帶來新活力。我認識了九十一歲的時髦紳士哈利．特布拉克，特布拉克以前是理髮師，他的公寓非常漂亮整潔。他告訴我他和派翠克與尤林這兩個學生一起做沙拉的事，公寓外狂野的花園就是這兩個學生一手打造的，長輩可以在外面採花。特布拉克向我說著他如何指導派翠克種菜並告訴他衛生的重要性。「跟這些學生在一起，我們像是平輩。」他說。「他們不會把我們當老人看。」

我在代芬特爾養老院待得越久，就越感覺如果能不被當「老人」看待（有點被其他人排除在外的感覺），大概就不會覺得自己很老。他們帶我參觀了小巧的健身房，住戶和學生可以在那裡邊騎健身車邊享受眼前的虛擬實境螢幕，幻想自己在山裡騎車。西普克斯告訴我，有天早上她來上班時看到上百個綠色氣球在院內到處竄，是學生為了逗大家開心吹的。「有什麼不好呢？」她微笑著說，我心想，是啊，有什麼不好呢？年長者和我們一樣有幽默感，也懂享樂。「我知道他們的名字，也知道他們的笑聲是從哪裡傳來的。」西普克斯說。

代芬特爾和我過去拜訪的其他養老院不一樣，比較沒有機構的味道。他們很注重細節──像是員工和住戶親手裝飾的彩色茶杯；大家可以聚在一起煮飯、用餐的溫馨角落；用住戶挑選的當地木材做成的漂亮桌子。而且還是在財政困難的時候做了這些事。

「我們發現我們已經無法負擔戰後問世的福利制度了，原本所有八十歲以上的人都可以取得類似的養老中心的入場券，」西普克斯表示。二〇一二年，也就是西普克斯上任院長的那年，荷蘭政府砍了八十歲以上公民的終生照護預算，改為僅資助有迫切需要的人。「這項刪減讓我開始思考自己在做的究竟是什麼工作，」西普克斯說。「我決定把自己定位在幸福產業。」代芬特爾也給了西普克斯修改院規的機會。「一直照著規則做事，意義何在？」她說。養老院其中一名管理者告訴我，在西普克斯接手之前，新住戶填寫的表格上有一百個問題要回答，現在卻只有三題：你現在是怎樣的人？你以前是怎樣的人？你未來會是怎樣的人？

你未來會是怎樣的人？年過三十就很少會被問到這種問題，何況西普克斯的問卷對象都已經八十歲了。西普克斯對年長著抱持著希望，也相信每個人都值得幸福美滿到路終，而她的希望與信念也成真了。代芬特爾的房間已供不應求，好多過去追求奢華河岸退休村的中產階級現在也申請入住。這也不意外，他們明白願景比金錢更重要。

就算在人生最後幾年會需要幫助，我們也不應該放棄自我認同，不應該停止參與這個世界。

「初老人」公社

七十一歲的安卓莉雅．哈葛利夫做了一個她子女認為太過衝動的決定：她賣了房子，搬去和另外兩位與她處在人生同一階段的女士同居。六十五歲的沙莉．梅是哈葛利夫在社區合唱團認識的，六十六歲的琳則是退休的時尚達人，剛從西班牙搬回來。「不要告訴我的孩子，」哈葛利夫大著笑說：「我其實跟她們兩個沒有很熟。」

這三位祖母級的女士，兩個離了婚，一個是寡婦，她們賣掉了兩棟雙併還有一棟排屋，用賣房的錢在英格蘭薩塞克斯（Sussex）岸邊買下了一間很大的愛德華式洋房，還附一個大庭院。

我與她們交談的前幾天這三人才舉辦了跨年派對，哈葛利夫告訴我那天一直到凌晨三點一刻才結束。「來了多少人？」我問。「喔，差不多四十個吧。」她一派輕鬆地說。九月她們安排了兩個週末展示當地藝術家的作品，還有現場音樂演奏，甚至還在院子裡辦了雕塑工作坊。她們打算今年找時間再舉辦一次。

她不覺得自己老嗎？「不覺得。我的身體沒有任何疼痛不適，」她說。哈葛利夫的母親就住在距離五分鐘之處。「當你有個九十六歲的母親，你就不會覺得自己是個老人。為什麼要貼標籤呢？我們很幸運，我們是第一代可以穿年輕衣服的人，我們也相信自己很年輕——至少沒看到鏡子裡的自己時是這樣感覺。」

搬入這個新家是理性思考後的決定，不是一時衝動。這幾位女士擬了一份互信聯合宣言，仔細列出每個人的幸福必要元素。對熱衷於種菜的琳來說，幸福就是需要她們三個人共同照顧的大院子。對沙莉．梅來說，幸福是有間自己的藝術房。退休記者哈葛利夫則希望可以使用她喜歡的傢俱。她說過世的丈夫品味跟她不太相同，丈夫過世後，她在廢棄雜物店挖到了許多寶。

這種共居方式不見得適合所有人。第四個室友因為受不了共用廚房而搬走了。但對這三人來說，這場冒險替她們注入了青春活力。

「同居似乎讓我們更有活力了，」哈葛利夫說。「獨居的話一回到家就把烤馬鈴薯丟到烤箱裡再開罐烤豆子罐頭。但是當你必須一週三次替其他人認真準備餐點時就不能這樣搞了。」她說她做了許多一個人時不可能會做的事，例如週末狂歡或是養雞。我們談話時，哈葛利夫一心想著她的雞，因為雞一直逃跑。這三位女士的生活聽起來實在好笑，要想辦法圍住這些雞，然後再一陣角力把牠們弄回雞籠裡。

「妳們幾個想過如過其中一人開始體弱多病要怎麼辦嗎？」我問。

「我們也討論過這個問題，但很難想像空房內住個看護。我不知道請一個看護照顧三個孱弱的老女人是否合理，我們也沒有空間再給人住了。但誰知道呢。是可以想辦法預測一下未來啦，但老實說我不太擔心。我以前也沒在擔心未來，現在又何必擔心？」

活得精彩

「初老人」不要寧靜安穩，而是想要認真過生活。「中老人」不想要被關起來，不想被指使，他們想當自己生命的主人。

人人都需要自己的生活圈，最好還可以親自參與設計。社交與社群對健康有明顯的助益，這也意味著興建共同住宅以及支持會員式組織應該要是政府的重點政策。

沒有人確定多代同堂的家庭將會如何影響我們的生活。確定的是，年輕人和年長者都會越來越想住在城市中，因為工作機會、訓練課程、藝術和醫院都在城市裡。二〇〇七年，史上首度發生：世界半數人口都住在城市裡。二〇五〇年，城市居住人口預計會達到百分之七十。「年齡友善城市」運動開始萌芽，準備要帶來改變。紐約市在各個社區機構附近加裝了一千五百張新的長椅。哥本哈根有一個很棒的「樂齡卡打車」（Cycling Without Age）計畫，提供免費黃包車服務接送年長者。這些改變真是來得太晚。在里斯本和米蘭，人口最多的年齡層是七十五歲以上的女性。歐洲城市中確實有好幾百萬名老人鮮少或從不為了社交、心情、財務或活動等理由踏出家門。如果無法走到公車站或因為安全問題而不敢上街，那有車身可以傾斜的無障礙公車又有什麼意思。

長壽不必等於被關在安養院或「被遺忘」。長壽者應該要是生活圈的一分子，有來自於其他人的支持與關心。不論我們是否老得健康，我們都需要有人在身旁。雖然智慧科技可以幫忙照顧人，但是給予回應的還是人類，下一章就會談到這點。

第八章

健康醫療大革命：機器人照顧你，人類關心你

珍幾乎每天都要開車造訪好多人，她來到大門口，不知道門後等著她的會是什麼情形。昨天是一位久病剛出院的女士，重心不穩，沒辦法自己沖澡。今天是九十歲的男性，他很謝謝珍來看他，但又對於自己需要人協助下床感到很難為情。明天會是一名患有失智症的八十歲女士，罩在她身上的亮桃紅色浴袍門戶大開，很驚悚。她會一直問：「瑪麗去哪了？」

珍是瑪麗的接班人，瑪麗離職了。珍會在客廳閱讀桃紅浴袍女士的醫療文件。定期來訪的人員（社區護理師、其他照護員、社會工作者）要在客廳更新來訪記錄。珍可以看到這位女士服用哪些藥物，但是不能拿藥給她，所以只能替這位受到驚嚇的女士尋找線索。她會問起壁爐台上的照片，試著與女士建立關係。她也會檢查冰箱，確保女士有

好好吃飯。但珍一下就得離開了，得去見下一位客戶。

珍有些固定拜訪的對象。其中有一位珍很喜歡的老先生，近期有次登門拜訪時，老先生身處黑暗之中，因為臥房的燈壞了。珍搬了個梯子，換了燈泡，她知道這樣違反了健康與安全規範。但不幫他換，光線哪來？珍覺得不能給藥很不合理——老先生在妻子過世前是妻子負責給藥，妻子也沒有相關證照。到處都是規則、到處都是限制，行善的空間很小。

珍和其他許多無名英雄在前線作戰，把這個支離破碎的體系黏在一起。這個制度會請珍這樣的照護員到府協助，但有時一天到府的時間只有短短的十五分鐘，照護員的訓練也很有限，因為政府無力負擔。這些照護員的薪資很低，有的甚至要簽零工時契約，毫無工作保障可言。

珍表示看訪時間太短，來不及關心他們、建立關係。她考慮回去做記帳工作。在英國，每年會有百分之三十像珍一樣的照護人員離開照護體系，也就是說相關機構必須花更多成本來訓練、招募新人。而年長者則一天到晚要面對陌生面孔。

二〇一三年，英國衛生部長（Secretary of State for Health）請我做一份基層護理與照護人員的獨立調查，我在那時認識了珍。我走遍英格蘭和威爾斯，訪問被大眾忽略的基層照護人員。他們多是熱心服務，願意奉獻自己的中年女性——也有少數刻苦耐勞的男性——他們表示過去從來沒有工會以外的人問過他們的感想。這些人提到，年長者被家醫、醫院和社區服務織成的網給漏掉了，這三者之間的資訊交換太少。他們也談到資深醫師、護理師和主管常對他們視而不見，以及工作需要的車險和汽油對他們而言是很大的負擔。

照護工作不受重視、薪水很低、很費精神、很耗體力。但在我看來，照護工作需要高度的專業。這需要極成熟的性格以及韌性，也需要一顆無比善良的心。隨著人口老化，我們會需要更多擁有這些特質的照護員，尤其現在每個高收入國家健保的終極目標都是讓人們遠離醫院。若某人有二十年的心臟問題，在他每次感覺身體有異狀時就把他送到病房，花費實在太高，根本不可行。反而，我們應該把這些人留在「社群」之中，社群這兩個字也比病房悅耳。

問題是，我們不太知道該怎麼處理這個問題。太多人發現自己在醫療部門間來來回回，排好久的隊，然後又要再交代一次自己的問題。而在英美和其他許多國家中，醫療服務和長期「社會照護」之間出現了大斷層。社會照護提供的是洗澡、穿衣、吃飯等協助。英國國家健保是免費的，但是多數人要支付「社會照護」的費用。美國的老人健保

（Medicare）會補助上醫院和看醫生的費用，但不涵蓋長期照護。

幾年前，我認識了一位八十九歲的老紳士，他紀錄了前一年每一位進過他家門的照護員的姓名。他把名單拿給我看，上面共有一百零二個名字。有些人只來過一次就消失了——大概跑去社區超市上班了，那裡的薪資還比較高。真相總是殘酷，我們並沒有做到敬老。

好在其實有個更好的方法。

充滿人性的荷蘭

我在荷蘭海牙的一間公寓跟著護理師喬西爬著樓梯。此時是寒冷的三月天，金屬灰色的雲低掛在天空中。五十幾歲的喬西是名健壯的婦人，有張泰迪熊般的圓臉，快到三樓時，她感覺有點喘。但令我憂心的是我們身後兩隻氣喘吁吁的邊境㹴。要是在英國，居家照護機構不可能讓護理師帶著兩隻小毛小孩去拜訪客戶。這樣衛生嗎？

喬西向我解釋這次要拜訪的老婦人貝雷特的情形。貝雷特患有早期失智症，很易怒。可以感覺喬西想跟我練習英文，因為她以前在禮品店上班。我點著頭，但我擔心的不是我的荷語能力，而是在我們腳邊亂竄的小狗。這樣真的好嗎？

到了三樓，門一打開，我才發現小狗是我們的秘密武器。九十三歲的貝雷特穿著黃色的刷毛絨上衣，噘著嘴，光著腳，看起來滿臉問號。但她一看到兩隻小狗就露出了微笑。兩隻邊境㹴感覺對這裡不陌生；牠們衝入屋內，在地毯上瘋狂打滾。喬西介紹了我，我們喝了咖啡，交換了倫敦塔的笑話之後，喬西拿了裝滿狗點心的塑膠袋給貝雷特。貝雷特慢慢起身，很專心地用長長的蒼白手指在袋裡撈呀撈。她細心挑選了兩塊大小差不多的點心，兩隻小夠坐在她的腳邊，期待地搖著尾巴。狗狗接過點心時，貝雷特的臉上出現了燦爛的笑容。

這是人性優先於官僚體系的結果。「Buurtzorg」是荷蘭的「鄰里照護模式」，這種模式讓護理師決定怎麼做對哪個病人最好，而不是由愛砍預算的主管來遙控。不是每個人都喜歡狗。喬西拜訪其他客戶的時候，她的狗大都乖乖地待在車內，但是喬西知道貝雷特看到狗會很開心，會比較冷靜，也比較願意讓喬西進門。貝雷特拿出一九七八年她到倫敦的照片給我看的時候，我的眼角餘光瞄到喬西正悄悄地檢查著冰箱還有餐具，看貝雷特是否記得吃飯。她的失智症不僅使她健忘，還導致她很易怒。上週她要過馬路到附近的商店時，對著路上的車怒吼。她的兒子布魯諾相當擔心；布魯諾只有週末能來看媽媽。喬西用鄰里照護組織發給每一個護理師的 iPad，把貝雷特的情形上傳至鄰里照護應用程式，布魯諾就可以透過應用程式看到母親的情形。

鄰里照護組織給 iPad，卻沒給太多規定。他們不像其他我見過的照護服務中心，沒有勾選清單，也沒有排程。社區護理師編組成不超過十二人的小組，負責協助客戶，安排自己的時間，甚至要自己找辦公場所：喬西的小組在一個水泥建築街角的兩個小房間裡工作，房間裡有四張椅子、兩張桌子、一個檔案櫃還有一張狗床。小組成員告訴我他們不需要更大的空間，因為他們要外出訪人，不想坐在電腦前打報告。

總部會替他們支付房租、整理薪資條、處理資訊技術。但是總部規模很小：五十個人要對應一萬名護理師和助理。所以他們的經常開銷只佔了大約百分之八，其他同類型組織的經常開銷則約佔百分之二十五。省下來的這些錢用來聘請更多護理師，因為鄰里照護是非營利組織。

這種做法真的太顛覆傳統了。很多國家的照護體制已經失去了人性，只有滿滿的規範、守則，風險評估的重要性超越了同情心，也沒人有時間關心人。

男護理師尤斯・德・勃洛克（Jos de Blok）在二〇〇七年創辦了鄰里照護機構，因為他對荷蘭的健康服務感到非常失望。「健康照護和社區照護被視為一種生產，」他說。「我們劃定了十種不同的產品：護理、額外護理照護、額外輔導等等——對委託人來說，這樣他們才知道怎麼購買服務——這項服務幾小時、那項服務幾小時。」他說這造成病患和護理師之間的關係「非常緊繃」。

六十幾歲，兩鬢已白的勃洛克是個能言善道的人。起初他的團隊只有三個同事，他們想要重新建立員工和病患之間的關係。他的理念是「越簡單越好」，這樣就「不需要這麼多人來控管一切」。另外他也想根除階級制度。「我們從開始到現在都還沒開過一次管理會議，」他說。「我以前的工作一天到晚開會。現在我們有時間可以解決問題了。」他的做法很成功。目前，鄰里照護在荷蘭各處共服務七萬名病患。也有退休護理師重返職場加入他們，這些護理師非常認同他們的理念。

回到貝雷特的公寓，倫敦塔的照片被放到了一邊，我現在被她一九八〇年遊柏林的相冊淹沒了。喬西決定明天再幫貝雷特擦牛皮癬乳膏，因為她正聊得起勁，現在替她寬衣會很掃興。貝雷特性格鮮明，很討喜——她荷英夾雜，吱吱喳喳地向我說著從前的故事——但她有時會忽然斷了思緒，沉下雙肩，她踩在厚厚地毯上的赤腳扭曲變形，看起來很痛苦。

是時候趕下一場了。「妳要把狗留在這？」道別時我問了喬西。「對，」喬西語氣肯定。「我晚點再來接狗。妳也看到她眼裡的光芒了吧？」她明白我的疑慮，信心滿滿地輕聲對我說。我確實看見了。讓兩隻小狗陪伴，肩起照顧小狗的責任，無疑是貝雷特前進的動力。

那整個早上我都和喬西開著車到處跑，這個經驗中有三件事讓我非常震驚。首先是照護的連貫性。我們走訪的每一個家中都有一本小冊子，冊子裡有三名組員的照片，他們負責照顧這名病患，病患會見到的照護員也只有這三位。第二是自主與親友網絡的重要性。喬西與同事會主動聯絡病患的親朋好友，讓他們了解情況並有機會參與。

第三，沒有一個照護員會覺得有什麼任務太低賤而不願意做。在英國，我們把工作內容分為「專業事務」和「一般事務」——專業事務如給藥，必須由有照的專業護理師來進行，一般事務如幫人洗澡，由照護員負責。但是喬西喜歡全包。她告訴我她加入鄰里照護是為了繼續照顧病人。「我想回到初衷，做跟人有關的工作，」她說這話時喜形於色。「我們大小事都管——若客戶有需要，我們也會替他做三明治。」

英國很愛把工作分派給最廉價的員工，我從很久以前就感覺這種做法其實是假省錢。這會需要官僚巨獸來管理，也沒有時間建立人與人之間的關係。這常導致病患加速惡化，進而需要更多協助。要為病患著想，我們就必須開始注重成果而非成本。這樣做甚至反而可以幫我們省更多錢。

鄰里照護好像可以替我的效率理論背書。雖然他們常花錢請專業護理師來做各種工作，也就是說他們每小時的服務成本比同業高，但是根據安永（EY）顧問公司，鄰里照護的整體成本卻比同業少了將近百分之四十。這是因為員工在每一個病患身上花的時間變少了。這是信任的結果。喬西和同事鼓勵病患好好照顧自己，他們也很擅長鼓勵病患的親戚協助照護。病患不會因擔心而一天到晚打電話到總公司，因為他們知道喬西會再訪。從這個角度來看，鄰里照護真的創造出了活圈——我們也已經知道，生活圈可以幫助改善健康。

喬西在拜訪客戶時給人一種她時間很多的感覺，但是那天早上我跟著她跑，才明白原來她是技巧性地給人這種錯覺。我們在一名需要協助穿上壓力襪的年長女士家只待了十分鐘，但是感覺好像更久，因為喬西一直在和這位女士聊天。「客戶會感覺如果他們需要我，我就可以多留五分鐘至十分鐘。」她說。「他們知道需要我們的時候，我們就會出現。」

鄰里照護的客戶滿意度比荷蘭其他類似的健康照護機構都還要高。事實上，鄰里照護可能還替政府省下了大把經費，因為他們可以減少客戶對其他照護服務的需求。「鄰里照護的員工就像我的家人，」安妮塔說。安妮塔是我們拜訪的其中一位客戶，中年女性，肺癌復原休養中。「我甚至可以跟喬西說我對我姊姊都不想說的事。醫院的醫生問我是否需要跟諮商師聊聊。但我又不認識諮商師，聊什麼聊？我跟喬西聊就好了。」

把人當人看，建立良好的人際關係，聘請專業人士來做我認為是「工藝」的護理工作聽來很合理，但是在現今的世界中，這卻是顛覆傳統。

這個問題在日本尤為嚴重，日本人口逐漸萎縮，政府預測到了二〇二五年，照護人員空缺將會達到三十八萬人。為要替代、補足照護人力，日本政府目前正大舉投資科技解決方案。

機器人駕到

日本中部的愛知縣有人拿著大聲公在街上喊著，詢問是否有人看到一名穿著淡粉紅色上衣的八十五歲婦人。「若發現婦人蹤影，麻煩通報警察局！」

日本的大眾緊急廣播系統原本是用來發布颱風和地震警報的，但是現在卻常被挪用來尋找失智老人。日本一年有將近一萬六千名失蹤人口，穿著粉紅上衣的「失智女士」就是其中之一。去年走失的人中，約有五百名碰上了死亡意外。

東京新富町安養中心院長關口友加里預見的未來世界中，每個人都會需要電子監控，因為未來不會有足夠的兒女來照顧父母。

「這附近的公寓有很多獨居老人，」關口輕聲說，眼神充滿了擔憂。「有些會來找我們做復健，或是洗個澡。但他們回家後，就不知道他們過得好不好了。」關口女士個頭嬌小，頭髮烏黑，穿著繡著美麗花朵的藍色上衣，她說她的員工最近救了一名七十歲的獨居老太太一命，老太太不小心誤食了兩天份的藥丸。這類事情顯然很常發生。「沒有親戚可以照顧他們嗎？」我問。關口聳聳肩。「家人住很遠，」她面無表情地說。

住在新富町安養中心的老人幾乎都快九十歲了，關口人手不足的時候，便會試著使用各種不同的科技來進行看護工作。在這棟八層樓的建築，夜裡每層只有一名員工駐守，所以每張床的床墊下方都設有一個電子感應器，可以偵測呼吸節奏的改變。其他還有偵測地板動靜的感應器，如果有人下床，夜班人員就會收到通知。

也有人發明了類似的家用系統。其中「貓頭鷹照明」（Owl Light）使用紅外線監控，與大陣仗的閉路電視攝影機相比，比較不擾人。然而，老化確實模糊了隱私的界線。焦慮不安的親人總希望可以在遠處監看。

因為人力不足，機器人也加入了陣營。「即便到了現在，大家還是寧願使用機器人也不要請菲籍看護，」一名醫生挫折地搖著頭對我說。

日本在這方面的科技發展上相當卓越，領先全球，日本人好像也很能自在地與科技共處。五呎高的人形機器人「Pepper」有點像白色塑膠版的《星際大戰》（Star Wars）C-3PO。前陣子我上東京一間銀行時，有Pepper在大廳招呼我。Pepper挺可愛的，有著深邃的黑眼睛，尖細的聲音聽起來很呆萌。Pepper在銀行主要的功能只是譁眾取寵，在我們排隊等待的時候，跳舞娛樂眾人。但是在某些照護中心中，Pepper要負責帶領老年人的運動課程。

看著Pepper帶老人家做動作是個很神奇的體驗。有些年長女士把輪椅往前滑到更靠近Pepper的位置，努力模仿著它手臂的動作。Pepper叫了其中一名女士，她便摸摸它的頭，花枝亂顫地笑著。其他人——像是觀眾席的三位年長男性——好像對吃午飯比較感興趣。

專家表示Pepper可以幫助一些憂鬱症患者走出來，重新接軌世界。一位日本的物理治療師告訴我，他發現比起真人物理治療師，年長者比較願意模仿 Pepper 的動作，在運動時間起舞。新富町照護中心的院長關口由佳里女士認為這和 Pepper 尖銳呆萌的說話方式有關。「Pepper 說話的節奏好像很適合年長者，尤其是患有失智症的長輩。」她說。

另外叫做 RoBoHoN 的陪伴機器人是二十公分高的黑白塑膠小人，有張猴子般的可愛臉蛋，可以坐在長輩床邊的桌上，早上替長輩加油打氣，鼓勵他們下床，告訴長輩他們變健康了，或是說：「離你上次出門已經好久了，要不要出去散散步？」

RoBoHoN 其實是多功能進階版手機，可以用兩腳走路，支援聲音、人臉辨識。他可以偵測你在房間的位置，朝著你移動。

「謝謝你照顧我，羅比（RoBoHoN 的暱稱）。」我在名古屋大學看到的 RoBoHoN 廣告影片中，一名銀髮女士微笑著說。名古屋大學有許多科學家在相關的科技應用上有創新的突破。名古屋大學的森川高行教授說，人們感覺面對 RoBoHoN 比面對傳統的電子螢幕自在。

羅比還沒辦法進行完整的對話，但是發明者正努力開發它的人工智慧，希望可以藉著扶手椅上的腦波感應器測量主人壓力指數，目標是有朝一日讓羅比偵測情緒——這樣便可以把關羅比的回應。

我無法不想，如果有記錄我們每一個動作的傢俱，還有一隻冒充朋友的塑膠機器人，有些人的壓力指數可能會因此永遠居高不下吧。但是這類科技對於想要保持獨立的人來說，是條生命線，這點毋庸置疑。話雖如此，誰知道未來如果老人想要偷抽一根菸或是下載什麼不入流的東西，會怎麼樣呢？我一向認為人生走到最後的階段，就應該要把握快樂的機會。我猜機器人的設定會說服長輩遠離娛樂，還會瘋狂要他們從善如流。

我父親以前常說，對很年紀很大的人來說，抱怨是少數僅存的快樂。日本人很壓抑，我問日本人對這科技小幫手的存在能感到自在嗎？他們露出了修飾過的驚訝表情，而我們歐洲人可能會需要會抱怨的機器人。道格拉斯．亞當斯（Douglas Adams）創造《星際大奇航》（The Hitchhiker's Guide to the Galaxy）的偏執機器人馬文（Marvin the Paranoid Android）時，讓它變得超幽默：「我的腦容量跟星球一樣大……但他們要我撿紙……這樣的工作哪有成就感？」

製造商常說機器人可以偵測人類的情緒。軟銀機器人公司（Softbank Robotics）宣稱 Pepper 是第一個可以辨識人類主要情緒的人形機器人，還可以根據談話者的心情來調整行為。但這不代表機器人是有情緒的個體。我們無法把人性放在塑膠包覆的電子器材中。

心理學家雪莉・特克（Sherry Turkle）在她的著作《在一起孤獨：科技拉近了彼此距離，卻讓我們害怕親密交流？》中強調，我們越把人類的特質投射在機器人身上，我們對其他人類的期望就會越減少。「社交型機器人看著我們的眼睛，和我們說話，學會辨識我們是誰，」特克寫道。「它們會要我們照顧它們；所以反過來我們也認為機器人會照顧我們，作為回報。」特克很擔心人類會因此不再彼此交談，特別是我們會不再傾聽長輩的聲音了。真正的對話需要我們聽出對方話裡的意思，而不只是照著設計好的劇本回應對方的一字一句。

機械手臂不需要五官——它不會假裝自己理解你，只會幫你幹活，你才不會因為腰傷而丟了飯碗。我在日本看過很厲害的類似設計，其中有張床，病人不必下床就可以直接變成輪椅，這樣病人就不會常常背痛了；還有一個有著粗粗軀幹的中風復健機器人，叫做「樹」，你可以抓著它做支撐，讓它幫你重新學會走路。這些設備都很神奇，我只能祈禱成本降低，使這些設備有機會廣傳。號稱有情緒的機器人可能較難為人接受，但我們也不能否認，它們在某種程度上可以提供失智症患者人類無法提供的安慰，不是嗎？

機器寵物是個折衷的方法。毛茸茸的機器海豹帕羅（Paro）會在你輕撫它的時候拍打長長的睫毛，實在令人難以抗拒。丹麥和美國的照護中心已經可以見到帕羅的蹤影。

我看著三名年長日本女性撫摸著她們自己的帕羅，覺得不可思議。「她會聽我說話，」第一位面容乾瘦的老太太用氣音說著，這位老太太好嬌小，幾乎搆不到桌面。「她會回應我，」她緩慢地說。第二名老太太陷入了自己的思緒中，根本沒發現我們的存在。第三位八十二歲的老太太戴著金框眼鏡，她以前是高爾夫球手。她說自己覺得帕羅比愛寶（Aibo）機器狗可愛，因為她喜歡貓，不喜歡狗（而且愛寶雖然會搖尾巴討好人，卻沒辦法抱：愛寶是硬邦邦的灰色塑膠）。

「我們家養貓一直養到戰後，」高爾夫老太太惆悵地說。「大家都叫我母親貓女士。後來鬧飢荒就無法繼續養了。」忽然回到現實的老太太變得有點淘氣。「拍她的臉她就會哭嚎。」老太太邊說邊示範給我看，用力拍帕羅的臉，帕羅就會哀怨地喵喵叫。她很清楚帕羅不是真的。但對另外兩位老太太來說，真實的界線比較模糊。

帕羅的發明者是筑波國立研究開發法人產業技術綜合研究所的主任資深研究科學家柴田崇德。柴田選擇海豹是因為大家對海豹不如對家狗、家貓熟悉，因此比較容易與山寨版建立感情。柴田跑到加拿大看真海豹的動作，並錄下加拿大豎琴海豹的聲音，用以創造帕羅的哭聲。報告顯示帕羅可以減輕焦慮和憂鬱，甚至可以減輕化療的不適。對某些失智症患者而言，帕羅可以有效安撫情緒，避免他們走失，在某些病例中，帕羅甚至取代了精神藥物。

這些小東西無疑在某種程度上提供了忙碌的人類無法提供的安慰。日本若是繼續以現在的速率老化，未來可以傾聽的人類就不多了。有些機器人公司甚至也製造兒童陪伴機器人，例如柯柯蒂（Cocotte）。

家人——最有力的後盾

不管是真人照護員還是機器人，專業照護人員的人數都遠不及老化人口的兒女、妻子、丈夫和身邊其他照護者。根據照護員信託（Carer Trust）的資料，英國這樣的照護者共有七百六十萬人，其中有六十七萬人需要照顧失智症患者。

這些人幾乎是隱形人，是辛苦的無名英雄，兄弟姊妹一通臨時的電話就會趕緊向公司請緊急事假。他們有些甚至放棄了自己的職涯規劃。莎欣·拉里厄就是其中一人。她的故事是個極端的例子，但若是父母得了失智症，我們每一個人也都有可能面臨到她的處境。

拉里厄是美國一間軟體公司的優秀高層，二〇〇一年她暫返英國幾個月協助父母處理家族會計事務所的事務。結果她一待就待了十八年。「有個諮商師跟我說：『妳是你媽的全職照護員。』」她說。「我心想，什麼啊？『照護員』這個名字好討厭。但那時我才意識到自己究竟放棄了多少。現在回頭看，不禁會想這些年都去哪了？」

拉里厄畢業於化學工程系，還有商管碩士學位，她本來計劃要先休息幾個月再自己創業。但是她很擔心母親胡斯娜。當時五十四歲的胡斯娜患有罕見失智症（額顳葉型失智症，Frontotemporal Dementia，簡稱 bvFTD）但尚未確診，她的行為模式開始變得難以預測。拉里厄的母親是個強勢的孟加拉女性，一直以來都是由她替客戶處理增值稅的事務，但她健康已大不如前：「若要開支票，她會叫我寫，她再簽名。她不想上銀行了。講電話更是一場大災難，即便她的英文非常標準。」

拉里厄的父親對母親一直重複同一個問題以及把杯子用力甩在桌上等行為開始感到不耐。拉里厄扛的責任越來越大，她遺憾地點出當家中有失智長輩時，我們所必須面對的事：「你會慢慢變成父母，他們則會慢慢變成小孩。」

我感覺需要讓更多人明白這種角色轉變。我母親罹患血管型失智症的時候，我整個措手不及。一開始我們沒人知道究竟發生了什麼事。我當時應該要用醫學角度問她一些問題來做判斷，但我沒有，我氣她記不住我童年的重要時刻，卻可以滔滔不絕地想著自己的當年。我怨她總是說出傷人的話，事後又真的一點也想不起來。我身為備受寵愛的獨生女，在這件事上我真的無禮又失職。我母親到離世之前都很獨立、很倔強，不想成為我的負擔，我們兩個到了最後一刻都還再思忖、摸索新的界線究竟在哪裡。

拉里厄本來只打算待幾天，後來成了幾個月，最後成了好幾年。「我被這一切綁住了，」她說。「每每我想要重新開始發展事業，就會有事發生。有人蓄意惡搞我母親的財物，錢少了。我叫我爸不要給她金融卡，但是大家都很怕她。」胡斯娜變得強硬，拉里厄也漸漸失去了自信。對拉里厄職場上的朋友們來說，她成了隱形人。「我會想，我有商管碩士學位，但我還能做什麼？」

雪上加霜的是，親戚都不接受她母親生病的事實。拉里厄說在她的文化中，照顧雙親是未嫁女兒的責任，既然如此，還有什麼好討論的？

二〇一三年，她母親的失智症得到了確診，這讓她放下了心裡的大石頭。「我一直在想：為什麼我跟母親處不來？為了避免她生氣我總是提心吊膽。我也尋求協助，想辦法改變自己，以為是我自己的問題，但最後我終於瞭解，我面對的是一個大腦生了病的病人。」

對我來說，拉里厄的故事中最令人心碎的是：她好孤單。警察會上門抱怨胡斯娜在街上對路人無禮。社服機構也愛莫能助。「其中最難的就是在英國國家健保局各部門游走，想辦法協調出完整的照護方案。」她告訴我。有次她下載了一份長照說明來讀，共有一百七十頁——「我不知道有沒有人讀得下去。」我想這恐怕是很多人的共同心聲。許多照護員本身就是年長者，來來回回處理事務非常勞累，而且他們也沒有拉里厄這般的企業家敏銳度。

拉里厄並不抱怨。她父親於二〇一八年過世，現年七十一歲的母親有照護員的妥善照顧。拉里厄會到公司行號演講，也獲頒英國阿茲海默症研究機構（Alzheimer's Research UK）的鬥士（Champion）殊榮。「我學到了幸福有很多方法。透過英國阿茲海默症協會（Alzheimer's Society），我認識了很多有趣的人。有好多年的時間，我很擔心別人會怎麼想——但我現在一點也不在乎了。因為這個可怕的疾病，我和母親的關係更緊密了，她走後，我會留下美好的回憶。而我父親離世時也知道我媽有人照顧。我找到了一點平靜。我想，如果我事業有成，還繞著地球跑當空中飛人，我不可能安心，會很擔心家裡可能會發生什麼事。」

我對拉里厄敬佩萬分，但是沒有人應該要承受這種痛苦。我們需要更多護理師來協助家人照顧病患，卻又不取代家人的角色。我們需要讓這些承受著巨大壓力的無薪照護者休假、喘口氣，我們必須協助想要重新展開事業的年輕照護者。我們也需要有足夠資金的體制來照顧病患。

社會照護資金來源

沒有人知道誰會罹患阿茲海默症或因關節炎而不良於行，誰又到了九十歲還可以在午茶聚會跳舞。希望你讀到這裡，已經成功被我說服：多數人都可以大幅提升未來跳舞的機會。但我們也不能忽視壞運：究竟是否會罹患失智症，就像是在玩俄羅斯輪盤。

當人生進入了延長賽，各國都必須要有公平合理的方式來替良好的照護服務籌措資金。經濟合作發展組織成員國多有全民重大緊急傷病的社會健保，卻很少有國家有照顧「中老人」的相關體制。美國花了很多預算在健康保險上，長期照護方面的建設卻較少，而且制度之間有落差，導致難以建立起完整的保險體系——完整的保險體系才能涵蓋罹患失智症的風險。

英國人對保險制度特別謹慎——我們很怕步上美國保費超高以及健保商業化的後塵。但是荷蘭人的健保體系有句美好的標語——「人人可享的強制健保使我們團結在一起」，聽起來比英國現行體制公平合理。如果你運氣奇差得了癌症，英國國家健保可以提供免費治療；但是如果你罹患了失智症或帕金森氏症，或只是體弱多病，你就必須自行負擔照護費用，直到瀕臨破產。你只能依靠資產調查型的當地照護服務，但這些照護服務品質良莠不齊。

我在英國政府工作的時候，社會照護資金的問題正慢慢浮出檯面。慈善機構 Age UK 告訴我們，有一百四十萬名年長者無法取得清潔與更衣等日常生活事務的協助。照護中心體系有崩解的隱憂。在二〇一五年的支出審查（Spending Review）中，內閣秘書長傑瑞米．海伍德爵士（Sir Jeremy Heywood）在他的辦公室召開了一場緊急會議，想要解決資金「不對等」的問題。會議中，三個有關單位的代表無法達成共識。會議進行了約九十分鐘時，桌邊一名官員忽然開始大肆抨擊，長篇大論地說著照護中心快要倒光了，照護人員意志消沉，整個產業正面臨危機。政府官員說話如此赤裸直白非常少見，況且是像他這樣直接頂撞英國國庫。

我們都知道選民不喜歡稅太高的政策。很少有選民了解社會照護這個議題，但是社會照護已經開始影響醫院的運作了。醫院十張病床中會有一張躺著其實已經可以出院但卻無處可去的老年人：失敗的社會照護體制把英國國家健保給拖垮了。但是人民看到急診室門口的隊伍越來越長，卻沒有想到這背後的原因其實是出院後的一團混亂。然而改變正在發生，是時候好好考慮德國和日本首創的社會保險體系了。

借鏡德國與日本

「政府意識到我們需要改變。」日本上智大學的栃本一三郎教授說。栃本教授辦公室中的書架上方有好幾個佈滿灰塵的盒子，他取下其中一個，給我看他在一九九〇年代替每一個縣做的預估。一排排整齊的手寫數字是北海道六十五歲以上人口中，有多少比例的人獨居，有多少比例的人與家人同住，以及這些人未來照護需求的預測。

「可以看到特殊需求的數據攀升得最快，」栃本教授說。「灰底處是失智人口。」灰底部分凌駕於其他類別，而且線條越來越長。日本當時面臨著一場超級風暴——臥床人口逐漸增加，越來越多的獨居長輩，照護員本身也開始步入老年。顯然，失智老人長期住院的費用會造成慘重後果。日本必須鼓勵大家繼續住在家裡，不過前提是要辦得到。

栃本教授和他的同事向風暴後的德國取經。德國在一九九四年開始推行強制長期健保基金，德國當時的舊健保體制與英國的現行體制一樣殘破。這個基金經過縝密規劃，確保人人都可以得到資源，沒人可以濫用資源，並且人人都要有所貢獻。所有工作人口都必須繳交健保保費。雇主會替員工提撥一半的保費，退休員工則要自負全額保費。政府提出廢除資產調查制度，獲得了跨黨派的支持。對選民來說，這套措施也很清楚：付出越多，得到越多。大家共同負擔，一起承擔風險。

日本在二〇〇〇年開始推行類似的制度，四十歲以上的工作人口強制納保健保。日本照顧家人的傳統根深蒂固，他們不期望國家介入，所以會需要一個可以鼓勵大家儲蓄的制度，讓年長者成為納保人，可以的話也讓年長者負擔保費。

這個制度很全面。給付內容包含到府拜訪、入住安養院、協助採買生活用品、租借令人難為情但相當實用的器材——扶手、輪椅、病床等——使用者只要自付百分之十的費用就可以使用這些服務。而隨著需求量的增加，部分負擔的金額也就提高了。富裕的使用者要付百分之二十的自付額。

和日本年輕人聊過後，我發現他們很多人對長照險比對日本退休金有信心。一名專家告訴我，他兒子已經不繳國家勞退金了。政府太愛挖東牆補西牆，年輕人認為等他們老後，國家的老人年金早就垮了，照護體系感覺起來比較可靠——也比較公平。然而這之中最大的挑戰是狂漲的費用，以及照顧親戚的意願不高。沒有人想到，最後會有這麼多獨居老人。

為了解決這個問題，德國打算提撥預算，給付負責照護工作的家人。這種政策很受歡迎：照顧親人的工作不但得到了認可，也可以增進世代間的感情。在德國，沒有小孩的夫妻要繳交的保費比有小孩的家庭高，聽起來似乎有點太理性，但是選民似乎對此政策還算頗有好感。

德國、日本與荷蘭這些制度的資金來源都是所得稅。如果要複製到英國，那麼所有四十歲以上的人的國保保費就必須提高，當然也包含目前免繳國保的六十五歲以上人士。手頭沒有現金但是有房的退休老人，可以藉著資產釋出來支付保額，待過世後再清償。

雖然這種做法應該很難廣受歡迎，但我覺得是個不錯的開始。我們需要的是黨派間成熟理性的溝通以及更完善的健保體制。

徹底改革健保制度

現行醫療體系處理的仍是過去的問題。戰後建立的醫療體系主要仍是頭痛醫頭，不注重預測、預防與治療慢性疾病。這個現象的其中一個面向是，我們好像還是習慣請專業醫生來治療年輕人的疾病，卻忽略了老年人。美國人口老化，老人醫學的醫師的人數反而減少了，許多醫學院學生喜歡光鮮亮麗、薪水較高的腫瘤科或小兒科。在英國，教授老人學的學校越來越少。但這些才是我們最需要的醫生——另外我們也需要社區護理師來幫助人們遠離醫院——這些專業的人數在英法兩國也都在持續下滑。

照理說，我們的目標應該是要讓老人醫學醫師的人數和小兒科醫師一樣多。高齡照護一直以來都不怎麼光鮮亮麗。畢竟誰想要處理退化呢？但是優秀的老人醫學醫師很有一套，他們帶來希望，不消極、不悲觀，把病患視為一個人，而不只是一個壞掉的膝蓋或是骨盆。我們需要這些人來幫助我們把醫療保健提升為「保持健康」，而不只是「治療疾病」。

科技可以帶來關鍵的改變。人工智慧在某些疾病的診斷上已經比醫師準確，甚至只靠臉型分析就可以偵測出罕見的遺傳疾病。二〇一八年，倫敦的「Deepmind」人工智慧公司和摩爾眼科醫院（Moorfields Eye Hospital）協力使用人工智慧科技診斷出了五十多起眼疾病例，準確度有百分之九十四。醫師表示這樣可以大幅縮減診斷、治療病患的時間，進而降低失明的風險。這對人生延長賽來說尤其重要，因為長壽會增加罹患眼疾的人數。

機器學習有救命的潛力，因為醫學造影的量和複雜度已經超越了人類解讀醫學影像的能力。摩爾眼科醫院的合作實驗告訴我們人工智慧可以不只可以解讀平面影像，更可以解讀立體結構。

簡單的科技也可以讓忙碌的醫學專業人員減少花在病人上的時間。護理人員總要花上好幾個小時講電話，打給照護中心替復原狀況良好、可以出院的病人找地方住，但現在有軟體幫助他們馬上找出哪些地方有空床。語音辨識可以減少找出病患資料的時間。英國有些醫院使用一套叫做「Scan4Safety」的條碼追蹤系統，可用來追蹤治療資訊以及管理醫療用品，估計這套系統每年可以替國家健保局省下八億英鎊。內建在衣服或是手環的「穿戴式科技」可以監控生命徵象，再把偵測到的資訊以紅外線傳給診所。此外，基因檢測也可能比以前更普及——基因組學有希望可以利用人體的去氧核醣核酸找出最適合個人體質的藥物。然而這些改變也伴隨著挑戰：網路安全和資訊保護成了一個問題。員工需要提升數位科技素養：美國學者艾瑞克．托波爾（Eric Topol）在二〇一八年的一篇分析中提到，未來的二十年當中，英國國家健保局有十分之九的工作會需要使用到某種程度的數位技術。然而，只要我們不把所有事情都丟給機器人，科技可以提供一個機會，幫助我們把自己的健康照顧得更好，加速官僚體系的處理速度，並且減輕醫護人員的壓力。我們仍會需要有同理心的看護，我們也必須重視這些人的價值。

開始就趁現在

我個人認為，文明社會其中一項指標是我們照顧「中老人」的方式。但是健康醫療體系越來越複雜，夾著一堆規範、條例，有時會使人忘記健康醫療的對象是人類。荷蘭的鄰里照護模式讓我們看見：溫暖、信賴以及有效的照護可使國家不至破產，人民不再冷漠。

最需要長照的就是失智症患者。全世界的照護中心中，有五分之四是失智症患者，這些人需要密集的照護。機器人可以分擔照護工作量，但是所費不貲。要分擔這個壓力並降低風險，德國和日本的全面性強制保險基金是最為可行的方法。

我們每個人都需要對自己的健康負起更大的責任，盡可能保持強壯、獨立。很多人未來都會和拉里厄一樣需要照顧父母。我們必須做好多繳稅的準備，投資未來更好的老年生活。

荷蘭有句俗話說：「種樹的最佳時機是二十年前，第二好的時機就是現在。」要開啟一個有合理完善醫療照護體系的未來，是我們X世代必須肩負的責任。

第九章
找到生命的意義：目標決定一切

延長賽應該要是一個禮物。然而若我們不知道該怎麼運用時間，時間對我們來說就會是沉重的負擔。七十五歲的人當中，有半數表示他們的主要陪伴是電視，這代表大事不妙了——我們失衡了。

靠著人類的聰明才智、各種科學突破以及醫療照護服務，我們創造出了一個全新的人生階段：「初老年」。而現在我們必須找出因應初老年的方法。

我花越多時間做本書的相關研究，就越深信人活著需要目標，需要過有意義的生活。一個人辭職或退休後，或是小孩成年離家後，生活的重心可能也會就這樣隨之消失。我訪問的退休人士中，很多人把這種感覺形容為掉下懸崖，掙扎著想要找到自己，即便他們一開始很期待時間變多的生活。這些人在人生中翻山越嶺，一路上勇敢地迎擊各種挑戰，卻忽然間發現自己再也不需要往上爬了，從此迷失了方向。原本應該要很愉快的人生階段，可能反而會悄悄地成為創傷。這就是為什麼我一直強調老年人不應該被迫放棄工作，並且要挑戰「光榮早退」的觀念。更重要的是，我們需要找到重新學習新技能、重新建立連結的新方法。

麥克阿瑟成功老化研究（MacArthur Study of Successful Aging）發現，七十幾歲還感覺自己有所用處的人，比沒有這種感覺的同齡人不容易出現健康問題。哈佛大學公共衛生學院（Harvard's School of Public Health）的一項研究指出，身體敏捷度（如握力和走路速度）和人生目標的強度有高度關聯。若許大學醫學中心（Rush University Medical Center）甚至認為，在十分制的人生目標測驗中拿下高分的人，七年內免受阿茲海默症之苦的機率比其他人高了二點四倍。這些研究結果並非確證據鑿，但是頗具指標性。

其中一個原因，就是目標可以減輕壓力，再來是有目標的人通常比較有活力，也比較注意自己的健康。無論如何，有方向、有意義的人生似乎有助於抵禦寂寞、疾病，甚至疼痛。

我隔壁的鄰居烏蘇拉現年八十六歲，她有背痛的毛病。但她說：「我停不下來。我們明天要辦場很棒的演奏會，我的學生需要我。」烏蘇拉是個寡婦。她沒有孩子，但有很多朋友。她上哪都騎腳踏車，非常熱愛音樂，也總是對世界充滿好奇心。我在路上碰到她時，她總說：「我們得找時間聚聚。但我實在太忙了！」

我的受訪者中很少有人比江戶川銀髮中心那群年長女士更快樂。沒錯，她們很喜歡早上聚在一起喝咖啡、聊是非，但她們也覺得自己還很有用處：她們能替當地的企業做真正的工作。她們天天報到是因為她們有任務在身，沒法停下來。

我們替老人家舉辦下午茶會，讓他們有機會聚聚，但這種做法可能有點可惜了。就是非常寂寞的人也不一定願意被硬挖去參加除了年齡以外與其他參與者沒有任何共通點的活動。比起毫無目的的早餐咖啡時光，也許我們更需要的是有意義的午茶活動。

我在拜訪英格蘭南岸一間照護中心時，實在不知道該跟一位老太太聊些什麼，只好笑著說：「妳一定很期待玩賓果吧。」她回我：「去他的賓果！我超討厭賓果！但他們只有賓果。」我竟然因為她滿頭白髮就假設她也和其他人喜歡一樣的遊戲，實在失禮。這間機構的思考邏輯也實在狹隘。

日本銀髮中心的最高指導原則就是「生き甲斐」，也就是「生命的意義」。這對沖繩人來說太重要了。我們可以試著在人生延長賽中努力找到生命的意義——也就是我們每天早上起床的動力。

「生き甲斐」很難翻譯得準確，因為這個概念跟西方世界的享樂主義有所衝突。對許多日本人來說，生命的意義融合了心靈層面和務實層面。它結合了工作、家庭、責任和興趣——而不是把這些元素拆開來看。一般認為生命的意義是四個元素的交集，如下圖所示。

把生命的意義畫成下方的文氏圖，你會發現：在中心交會處，你可以找到平靜。也就是說，我們必須拋棄「應該」二字。這不太好懂。「每到週一早上我就很有罪惡感，」最近到小學接小孩時，一名也來接小朋友的七十六歲爺爺這樣告訴我。「其他

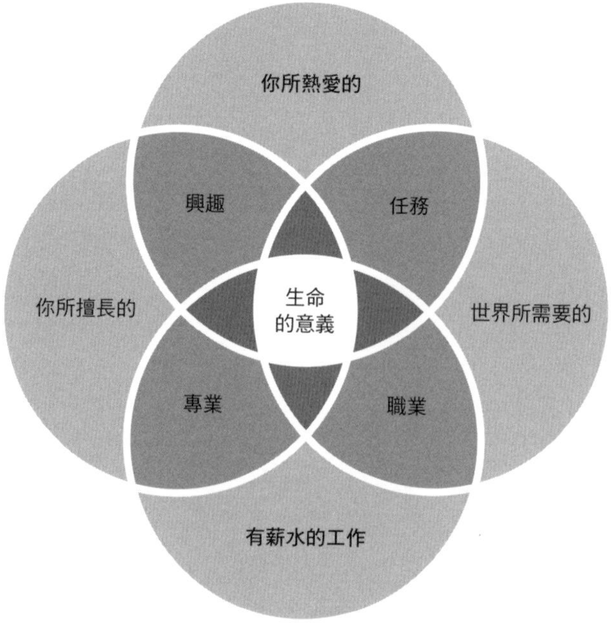

人都要去上班。」這名男子有很多角色，其中包含親力親為照顧小朋友的爺爺，但他對於沒能通勤上班，卻還是感到很羞赧。

有些人退休以後太努力想要在生活中找到新的偉大目標；有些人則在小事情上得到滿足——在合唱團唱歌、替鄰居買東西等。我的朋友中，朵拉是個非常冷靜的人。她說與其努力尋找「宏偉的目標」，不如問問自己「什麼事情可以帶給我人生的意義」？她說理想抱負不是重點，感恩的心才是關鍵。

那我們要如何找到人生的目的呢？隨著年齡增長，很多人的人生目的來自於幫助他人。

辛巴威公園長椅上的老奶奶

精神科醫師狄克森．齊班達（Dixon Chibanda）剛開始在家鄉辛巴威執業時，痛失了一名病患。這名病患與哈拉雷（Harare）醫院的齊班達醫師有約診，卻沒有出現。幾天後，齊班達醫師收到了一個訊息：這名病患在芒果樹上上吊自殺了。

齊班達醫師一直感到過意不去。「她怎麼沒來看我？」他問病患的母親，得到的答案卻令他不寒而慄——她付不起公車錢。

那一刻，齊班達醫師意識到他必須從根本重新審視自己的工作。這個人口一千萬的國家中只有五名精神科醫師，齊班達是其中一位，若不能走出醫院，招募更多幫手來協助他的工作，就不可能滿足辛巴威全國龐大的需要。但是他該找誰在村子裡替人諮商呢？

答案是：老奶奶。

老奶奶有齊班達醫師最需要的三個特質：擅傾聽、同理心，以及給予回饋的能力。於是他從自己祖母居住的穆巴瑞（Mbare）近郊下手，找了十四名原本就是社區志工的奶奶做幫手。齊班達醫師讓這些奶奶接受談話治療的訓練，創造了後來被稱人作「友誼長椅」的諮商模式——諮商人員坐在戶外公園的長椅上等你，提供友善、富有同理心的建議。

傾聽太重要了。你在長椅上坐下，奶奶第一句話會說：「我在這陪你，想聊聊你的事嗎？」若是發現某人有自殺傾向，奶奶就會通報醫院，否則奶奶便會跟這個人做六次一對一的談話諮商。

齊班達的團隊也試過讓其他人當長椅諮商人員——有男性，也有較年輕的女性。但還是奶奶最好。事實上，在憂鬱症的治療上，這些奶奶甚至比掛牌醫師還要有效。做了友誼長椅療程的病患，療程結束的六個月後，焦慮和憂鬱程度都比做正規治療的人低。

第一波臨床實驗結束後，齊班達團隊的經費也用完了。他們很怕奶奶們會因此退出。但是奶奶們仍堅定持續，因為她們相信這種做法有用，並能從中獲得成就感。齊班達的團隊分析了奶奶本身的心理狀態，發現她們的心理健康程度超乎預期——團隊猜測原因可能是長椅諮商的工作讓奶奶有機會接觸新朋友，也賦予了她們在社區中重要的角色。

目前辛巴威有七十個社區設有友誼長椅。每張長椅上都坐著一位奶奶，準備好聽你說話、了解你、給你建議——靠的不只是齊班達的訓練，更是她們經年累月的智慧。

在非洲，祖母仍備受敬重。西方世界若是希望老化的社會可以持續進步，就需要運用相同的智慧。畢竟本書也都已經提到，人腦終其一生都可以藉著建立新連結來保持思緒清晰——現在很多退休老人也都比前幾個世代的老人還要健康、更有活力。正如社會企業家馬克・費德門（Marc Freedman）所言：「老化人口是唯一在增加中的自然資源。」那我們就善用這個資源吧。

做好事、心情好

一九九〇年代，美國馬里蘭州（Maryland）巴爾的摩（Baltimore）有一群人很擔心學童退學、休學的問題。他們知道三年級以前是關鍵期，無奈老師人手不足。這些人就像辛巴威的齊班達醫師一樣四處尋找其他資源，最後找到了當地的老年人。他們設計出一套志工體系，讓較年長的成年人提供學童密集的家教服務，教授文學、數學和學校其他重點科目，同時也擔任學童的心靈導師。這很花心思與時間。每間學校有十五至二十名志工，整整一學年中，這些志工每週待在學校的時間至少十五小時。

這個充滿遠見的團隊也把成人志工的角色設計得很有挑戰性。年輕有活力的老年醫學家琳達．佛瑞德（Linda P. Fried）也是團隊的一員，該團隊也與約翰霍普金斯醫學院（Johns Hopkins University School of Medicine）有密切關係。佛瑞德深信身心健康與人生目標息息相關。她總是鼓勵年長病患「找些有意義的事來做」，但他們常表示才能無處可施，佛瑞德聽了非常挫折。巴爾的摩的實驗人員希望這項計劃可以提升認知健康，並反映對大腦的一些早期認識。

這個計畫相當成功。被叫到校長辦公室約談的問題學生人數少了足足有百分之三十至百分之五十。老師也反映：長輩的陪伴改變了教室的氣氛以及所有學生的可能性。

與其他同齡人相比，參與該計畫的志工的身心健康較有改善，其中一個原因是這些志工的活動量比較大。某些志工的腦部掃描影像也顯示，這個經驗也改善了他們解決問題的能力。

這項實驗最後發展成了長期的「經驗志工團」（Experience Corps）計畫，於美國二十二個城市中執行。一項研究審查了三個城市，總計將近九百名二、三年級生的學業表現，發現有經驗志工團協助的學生的閱讀能力進步程度比對照組高了百分之六十。

但是世界上類似的計畫居然少之又少。隨著人口老化，公共服務的負擔增加了。可以當老師、護理師、遊樂場導護的年輕人越來越少，同時我們卻又被時間很多、經驗豐富的老年人給淹沒。那何不搭起這兩者之間的橋樑呢？這樣也許可以讓孩子獲得更好的發展，也可以降低老人對醫療健康服務的需要。

這些志工來自四面八方、各有所長，有的甚至壓根沒想到自己竟然有這麼大的影響力。

英國的「HelpForce」慈善機構

七十七歲的包伯・葛洛夫斯在英國一間大醫院服務，他迎接我的時候，臉上的微笑很有感染力。面無表情時，他往後梳的深色油頭下是些許憔悴的面容，好似有什麼心事。我一走進醫院就看到他坐在寬闊的大廳，他還沒發現我到了。但他一看到我就露出了燦笑，整張臉都亮了起來。看得出這裡的員工為什麼這麼喜歡他，病患也很喜歡他，他總替病患倒茶。

一年前，葛洛夫斯開始在家附近這間醫院擔任志工。他無法解釋自己為什麼想要來這當志工，唯一的契機就是某次讀到一篇文章說醫生和護理師是英國最受信任的專業人員，所以他想要幫忙。他從不認為自己善交際。「事實上，我一直覺得自己喜歡獨處。」他說。「我有自己的事業，大學起就是如此。但在這裡，一切都恰恰相反，」他驚嘆道。「來到醫院是個非常美好的體驗。我很敬佩這些醫生和護理師，他們喚醒了我心中的某個部分。」

葛洛夫斯是「HelpForce」慈善機構的成員。HelpForce 成立於二〇一七年，業務是支持病患並且協助醫師及護理師。葛洛夫斯一週工作三個早上，負責協助護理師整理餐具、食物，也探視病人，幫助他們放鬆心情。「有些病人回診時還記得我。我心想，天啊，怎麼會記得我？有時他們會說，我的笑容讓他們整天都心情很好，這種感覺很好。」

葛洛夫斯熱情地向我介紹著他所屬的慈善機構，以及他想到的進步空間。他的工作態度跟做給薪工作一樣認真。「我真心認為必須讓醫院員工對志工產生信任感，」他發自內心說。「我太太覺得擔任志工精神可嘉，但是應該要可以來去自如。可是如果不能固定出席，想來才來，大家要怎麼信任你？」以他這樣溫文儒雅又低調的人而言，這句話顯得堅定又強勢。

沒有什麼是微不足道的工作。病人出院後，葛洛夫斯若看護理師太忙，便會主動整理病床。「我隨時有事幹。有時候我會待超過四小時，事情太多了，而且護理師每天要上十二小時的班。」

葛洛夫斯有經營事業的經驗，所以懂得在忙碌的事務中退一步觀察全局。「我很喜歡清潔工，」他熱情地說。「我感覺他們比較不受重視，所以我會鼓勵他們。」葛洛夫斯過去是設計師，他覺得盡可能打造宜居空間是很重要的。「我認為環境不髒亂大家才會比較樂觀，所以我會撿起地上的垃圾，整理椅子，病人離開後我會把辦公座位的螢幕顯示器關掉。我在家也會做這些事。」

「志工」這個詞常讓人聯想到在捐物商店櫃檯後方認真工作或是在教會插花的女士。上述兩項工作都沒有不好，只是很少有人了解，努力付出的志工也可以替公共服務帶來大幅度的真實改變。自從 HelpForce 的志工開始打電話提醒病患到記憶門診看診，到診率就從百分之十五躍升至百分之百。也有志工會開車載病患去看診，看診時在診間陪坐在病患旁邊，一邊做筆記，最後再開車載他們回家，有時路上也順道買個牛奶。這對獨居者來說是令人安心又實際的幫助，對一年在接送病患上就花掉好幾百萬英鎊的醫院來說，也可以省錢。

這種做法也回到了社會改革家威廉．貝佛里奇（William Beveridge）最初提倡的國家與公民共同分擔制。一九四二年，貝佛里發表的觀點成了戰後英國福利國家的藍圖。他寫道：「國家在建構安全機制的時候不應箝制住誘因、機會以及責任；在設計國家基礎保障的時候應該要預留一些空間，鼓勵個人在照顧自己和家人之餘多付出一些。」

HelpForce 是瑪麗居禮（Marie Curie）防癌慈善機構前執行長，現倫敦切爾西和西敏醫院（Chelsea and Westminster Hospital）主席湯姆．休斯－哈雷特（Tom Hughes-Hallett）的點子。休斯－哈雷性格奔放，嗓音低沉，粗框眼鏡下的雙眼炯炯有神。他說他希望可以回歸貝佛里奇的理念，回到「英國國家健保局共享利益、同擔責任的初衷」。我衷心希望他能成功。

「現在我們這些公民總期望繳了稅之後，一切都可以免費。」他說明：「我們從權利義務平衡的社會進入了相信權利不應伴隨著義務的社會。富有同情心的社群於是成了受到威脅的物種。」

休斯—哈雷特相信，鼓勵人們參與志工活動，可以替壓力甚大的正式員工分擔常務，同時給予病患更多的協助。「我們的使命是要影響大眾，使更多人樂意參與英國人民的健康照護。」他說。「我希望看到國家健保局每一個部門背後都有志工的協助。在我心目中，英國國家健保是全世界最了不起的健保體系。」這對英國國家健保的所帶來的好處顯而易見。但是在包伯．葛洛夫斯的例子中，好處是雙向的。葛洛夫斯坦言他在擔任志工之前，有好幾年的時間飽受憂鬱、焦慮之苦，他和子女之間的關係也因此受到破壞。這是他人生的一大陰影，他感覺自己不是個稱職的父親。他的子女現在是怎麼看他的呢？「我子女很贊成我做志工，」他先是驕傲地說，然後有點不好意思地聳了聳肩。「無論如何，我想要回歸正常世界，而截至目前，我還沒遇過比擔任志工更有效的治療。」

人生第二幕——貢獻小我，完成大我

二〇一六年，《金融時報》（Financial Times）專欄作家露西．凱勒薇（Lucy Kellaway）毅然決然地告別了三十一年新聞工作，踏上了一條截然不同的路——教數學。凱勒薇與社會企業家凱蒂．瓦爾德葛雷夫（Katie Waldegrave）共同創辦了「Now Teach」，招募頗有成就的年長者來擔任全職教師。她們兩人相信，在其他領域有所成就的人，在課堂上也會有很多東西可以分享。全英國三萬五千名實習老師中，只有一百位年紀超過五十五歲，即便數學、科學和語文教師人數嚴重不足，而這些科目又是許多年長者的拿手領域。

截至目前「Teach Now」已經訓練了一百二十名教師，這些人似乎一點也不介意從頭開始。五十八歲的凱勒薇近日在文章中寫道，她原以為一但從新聞業切換跑道至教學，她的社會地位就會變低。但她表示事實不然：「大家似乎比過去更欣賞我，更感興趣了。我五十幾歲才當老師，感受很特別，」她寫道：「特別是當你已經在其他領域有了一定程度的成就之後才投入教職，和二十幾歲成為老師的感覺很不一樣。」

凱勒薇引述一位原為紀錄片工作者的英文老師的話，這位英文老師也和她有相同的感覺。「我想我們年輕的時候都以為地位來自於外在，」這名新老師說。「認同、升遷、競爭——從外在角度來看這些都是『提升地位』。現在我都要作古了，才意識到我對地位的看法更主要來自於內在。我怎麼看待自己的貢獻、自己的價值，這才是真正的地位。」

人隨著年齡增長，會更願意回饋。這個說法也獲得了研究支持。有項研究在追蹤了受試者五十年之後發現，受試者隨著年齡增長會變得更加溫暖。精神分析學者艾瑞克·艾瑞克森（Erik Erikson）稱之為「創生力」（generativity）——也就是年長者內心想要「傳遞火把」，幫助下一個世代的衝動。史丹佛大學心理學教授蘿拉·卡斯滕森（Laura Carstensen）認為人在年輕的時候傾向於努力奮鬥，此時生命的盡頭感覺還很遙遠。但是隨著年齡增長，我們會變得更重視有意義的體驗和親密的關係。這也許可以填補人深處的空缺。第七章中引述的哈佛精神科醫師喬治·威朗特發現，七十幾歲的人當中，那些能輔導、協助他人的人，其幸福程度是其他人的三倍，婚姻關係也比較穩固。

賦權成就工作團

七十三歲的朗·莫林在二十年前就提早退休，他表示退休後再度有事做的感覺就像是「年輕了好幾歲」。莫林五十歲的時候就為了畫畫和寫作而放離開工作崗位。他太太開公司，他倆沒有小孩，是小康家庭。但二十年後，事情的發展並不如預期。莫林的小說未能出版，雖然他的畫作在當地的幾次展出還算圓滿。他寫了一部劇作，由當地社區團體演出，卻未能膾炙人口。

「我整天悶悶不樂，」他說。「倒不覺得自己可憐，只是也無法打起精神。」

莫林開始求職，卻苦無面試機會：「他們看都懶得看我，我知道一定是因為我的年紀。」雖然莫林並沒有在履歷上標示年齡，「但他們從我的經歷就可以看出我已經是個老江湖了。」莫林的太太看不下去，對他說：「這樣下去你會越來越憔悴，不如去當志工？這樣心情會好一點。」

莫林申請加入美國的賦權成就工作團（Empower Success Corps），該團體專替退休的專業人士以及非營利組織進行媒合。莫林現在是密德塞克斯山原之友（Friends of the Middlesex Fells）的負責人，負責管理麻薩諸塞州（Massachusetts）北部三千英畝的林區。該林區為世界第二大都市林區，也已送出列為美國國家史蹟的申請——「在上面，總統山那裡！」莫林笑道。

「我們有一百八十三種鳥類，十種被州政府列為稀有物種的植物，以及五百六十種原生植物，順道一提，這些植物目前都已瀕臨絕種。我學到了各種我以前不知道的知識，」莫林興奮地說。

密德塞克斯山原這項工作也有較年輕的申請者，但是他們沒有協會需要的管理能力。「我的優勢是我以前是主管，曾經重整組織，幫助組織成長。我主要的劣勢就是環境保育並非我的專業。但是我知道如何激發人的潛能。」

有上千名像莫林一樣的人透過賦權成就工作團與該團母機構 Encore.org 找到了屬於自己的位置。Encore.org 的標語寫得很好：「人生第二幕——貢獻小我，完成大我」。非營利組織支付仲介費給賦權成就工作團，工作團會仔細替退休的申請者做背景調查並提供他們管理與財經方面的訓練。

「幫助他們讓我很快樂，」莫林說。「我得動腦，我很喜歡解決問題，我要處理政治上難解的問題，找出解決方案。」莫林心想自己會繼續做下去，「只要健康狀態允許。我想創一個自然中心，這應該會花個好幾年，因為我們會需要募資，還要做建築設計。

我很願意替他們做這些事。人生到了這個階段，我真的希望可以拯救森林。」

做自己

每次訪問志工，我都會問他們的朋友是怎麼想的。多數人都表示，朋友很佩服他們但表示無法做到。「他們不想再擔這樣的責任，」其中一名志工告訴我。「他們發現我更有活力了，也說我氣色比以前好——但他們卻不願意參與。」看樣子並非每個人都願意一頭栽入慈善事業。

我懂。我父親一輩子都很抗拒加入社團。他善於交際，很善良，但是他極度痛恨機構組織的各種要求。他討厭學校，厭惡他做過的各種辦公室工作。他非常喜歡在附近教堂舉辦的酒吧益智問答之夜擔任主持人（為此我衷心感謝異想天開想出這個活動的教堂牧師）。這個角色很剛好，很適合他的個性和長處。但是我怎麼都無法說服他和不認識的長輩共進午茶，或是和一群年紀超過八十歲的人一起外出走走。父親最主要的特色並非他八十幾歲的年齡，而是他是一名熱愛爵士樂和貓咪的作家／史學家——他的年齡和他的內在一點關係也沒有。

我是在馬薩諸塞州萊辛頓（Lexington）一間叫做布魯克海芬（Brookhaven）的高級安養院意識到這點的。我到那裡拜訪哈佛甘迺迪學院（Kennedy School）一名學生的祖父母。他們是對很好的夫婦，總是細心照顧著彼此、把握著人生的每一個片刻。老先生是一名外科醫生，還很硬朗，但是老太太身體很虛弱，他們心想趁還能搬家早點搬才是明智之舉。老夫婦向我說著他們結交的新朋友，還有老先生很喜歡在安養院住戶的雜貨店幫忙，而老太太若有所思地對我說：「不過這裡幾乎沒有其他醫生。」「喔，」老先生大笑著說：「他們都在Z那裡啦。」（Z是他給北邊另一間安養院取的代號。）他轉向我，微笑著說：「你知道，這裡都是民主黨的，北邊多是共和黨的。」沒有人可以剝奪他對自己的身分認同。

對我來說，這次談話呼應了心理學家艾倫．蘭格（Ellen Langer）和茱迪斯．羅汀（Judith Rodin）在一間安養院做的經典研究。她們在安養院每個住戶的房間都放了一個盆栽，並告訴一半的住戶會有護理師來照顧盆栽，又告訴另外一半的住戶他們要自己負責照顧盆栽。結果第二組人的身理和心理健康都有非常顯著的改善，十八個月後，他們的死亡機率只有第一組的一半。這個例子在在展顯現了自主性以及內心深處自我認同的重要性。

有目標才能上軌道

很少有人在休息三十年之後還可以保持健康茁壯。有些人會消耗殆盡；有些人需要照顧別人。但是在這個有許多社會問題需要解決的年代，我們必須剷除「黃金休息歲月」的想法，重新建立起讓年長者有所貢獻的生活型態。

我們要把人生延長賽視為起點，而不是結束的開始。也許年長者可以提供年輕人職場訓練；經營預防性健康計畫；在照護體系中扮演可靠的中介角色；或是當老師、社會工作者或護理師——有何不可呢？

「跑馬拉松的時候，跑到一半會覺得遇到了撞牆期，」美國米爾肯高齡化未來研究中心（Milken Institute Center for the Future of Aging）的負責人保羅．艾文（Paul Irvin）說。「但過了就好了，越接近終點你會越『有勁』。人剩餘的歲月越少，越靠近終點，時間就越有價值。我們要把這看作加速衝刺的好機會。我們必須說服眾人，這段時間可以是人生中最有價值的時光。」

人生延長賽充滿著無限可能——很難找到更好句子來描述這個階段了。

第十章

被詛咒的世代：我們需要新的社會契約

過去的五十年間，在工業化國家長大的公民享受著社會體制內建的社會契約：努力工作、乖乖繳稅，未來生活水準就會提高，如果出了什麼差錯，你會有安全網，還有退休金。這份社會契約清楚體現了社會連帶（social solidarity）關係，社會連帶理念是二十世紀的一項偉大成就。但是這個契約現在卻岌岌可危。

本書開頭的人口結構圖中，我們看到原由一大票年輕納稅人支撐著少數年長退休人口的金字塔腫了起來。現在的人口結構圖比較像是一個橡木桶。嬰兒潮開始退休，與納稅人人數相比，社會福利受益人人數不斷地在增加。在一九五〇年的世界中，一名退休人士背後約有十二名就業人口在支撐。而今天，多數已開發國家支撐退休人士的就業人口不及六人，在歐洲某些地區甚至只有三人。除非已退休人士延長職涯，不然現在這種

「隨付隨支」的社會福利體系就沒有辦法延續下去。

問題還不只這樣。在很多國家，財富和公共預算的對象多集中在嬰兒潮人口（一九四六年至一九六五年間出生的人），X世代的人分得的資源較少（一九六五至一九八一年間出生的人），千禧世代（一九八一至一九九六年間出生的人）就更少了。我在美國、日本和歐洲認識了一些二、三十歲的年輕人，他們表示自己並不期待老後會有退休金。有些人擔心自己的未來會比父母更慘。我們也看見現在越來越多人不敢太早生子。

因著老年人和年輕人人口比例的變化，年長世代分配到較多的財富，年輕人工作前景堪慮，這份社會契約已經瀕臨瓦解。雖然在多數高收入國家，退休人口貧窮的問題已有大幅改善，但卻不是所有退休人士都能過著富足的生活。英國的改善老化中心（UK Centre for Ageing Better）估計，六十五歲以上的人口中，有百分之十二的人過著「辛苦又孤獨」的生活——沒有社交生活、貧困、健康狀況不佳。雖然我真心相信藉著斬除第二型糖尿病等生活習慣引起的疾病可以改善生活（還可以替健保體系省下好幾十億），但這不可能一蹴而就。

關鍵問題是：我們如何替年長者創造文明生活，卻又不使年輕人破產？

我個人認為，在千禧世代和嬰兒潮世代間挑起爭端沒有意義。《紐約時報》專欄作家湯馬斯．佛里曼（Thomas L. Friedman）曾經把砲火對準嬰兒潮世代，認為他們「就像飢腸轆轆的蝗蟲一樣吞滅一切」。英國解決方案基金會（UK Resolution Foundation）的主席大衛．威利茲（David Willetts）認為「嬰兒潮世代吞噬了下一代的未來」。但事情並沒有那麼簡單，原因有二。首先，世代間的相互依賴有增無減。「父母提款機」不停加班，調查也指出，千禧世代並不特別贊成減少老年福利。其次，新的鴻溝並非僅存於年輕人和老年人之間，更是存在於有人脈資源的專業人士與其他人之間。

新的鴻溝不再只是「老人vs年輕人」，而是「有專業vs無專業」

二〇一六年英國脫歐公投常被描繪為世代間的衝突，國會議員文斯．凱博（Vince Cable，當時七十四歲）表示：「年長世代剝削了年輕世代。」確實，十八至二十四歲之間投給脫歐的人不到三分之一，相較之下，六十五歲以上的人有三分之二支持脫歐。但是更大的鴻溝存在於有大學學歷的人（多投給留在歐盟）和專業資格較少的人（投給脫歐的人數比例高得驚人）之間。一般工作逐漸自動化，不論年齡，較缺乏專業技術的人會更難找到穩定、長期的工作。我個人認為這種鴻溝和世代差異一樣需要受到重視。

立意良善的「父母提款機」加劇了這個鴻溝，他們使買房這件事逐漸染上了世襲的色彩。英國目前有四分之一的房產交易有父母的金援。有些父母甚至有點太過慷慨——自己也許還有好幾十年的人生，卻動用退休金來幫助孩子。《金融時報》（Financial Times）專欄作家瑪莉琳．桑莫塞．韋布（Merryn Somerset Webb）觀察入微，她表示：「父母給子女最大的禮物就是犧牲自己的經濟安全。」這通常會導致房產投資，對很多人來說，房產是一生中最為重要的資產。有房的千禧世代中，有百分之八十三的人父母也有房。這是個問題。

年輕人的困境

二〇〇五年，我在英國國家廣播第四台做了一個節目叫做《被詛咒的世代》（Generation Hexed），我和編輯都很喜歡這個節目名。該節目探討一九七〇至一九九〇年代出生的人要買自己的房子會越來越困難，他們背著就學貸款，多數人也不像戰後嬰兒潮世代享有公司的豐厚退休金，盼著提早過優渥的退休生活。我們訪問的千禧世代中，多數人都認了自己永遠無法享受這種奢華的退休生活（我自己也是）。他們只盼能養活自己，也做好了必須延後退休的心理準備。

那是二〇〇七至二〇〇八年金融危機前的事了。

今日，二、三十幾歲的人口是金融危機最大的受害者。雖說久旱之後，薪資正慢慢開始回升，但許多歐洲國家年輕人的失業率仍居高不下，引發失落世代的擔憂。不安感蔓延，自動化消滅了許多穩定的中階工作，越來越多人轉為自顧。金融危機之後，薪資成長相當緩慢，大家擠破頭要讀大學，因而產生就學貸款，但是薪水也不見得能因此提高。

年輕人和年長者之間的財富差距在當代創下了前所未有的新高。英國的千禧家庭要在三十歲以前就有房的機率是嬰兒潮世代三十歲時的一半。千禧世代四分之一的薪水都花在住房上，相較之下，沉默的一代（the Silent Generation，出生於一九二九年至一九四六年間的世代）同齡時只有百分之八的薪水花在住房上。一九八三年，美國一般年長家庭的財產約是一般年輕家庭的八倍，到了二〇一三年卻成了二十倍。

嬰兒潮世代存錢難，也難以負擔利息超高的房貸。但也有很多人享受了房地產泡沫膨脹所帶來的果實。而有些成功搭上買房列車的年輕人卻經歷了房地產泡沫化的苦果。

收入一面也有很大的改變。在英國，目前一般退休者的家庭收入比一般在職家庭的收入還要高（居住開銷已納入考量）。雪上加霜的是，許多高收入的政府有幾十億的借款等著由年輕人償還。英國目前的國債佔國民生產毛額的百分之八十四。總體而言，這表示許多富裕國家正面臨著一個問題，「最年長的世代需要的經濟資源是史上新高」，於是「世代間的社會契約以及永續的經濟成長受到了威脅」。這些話並非出自激進分子、政治人物或是自我厭惡的嬰兒潮專欄作家之口，而是兩名德高望重的人口學者：安德魯．梅森（Andrew Mason）與羅納．李伊（Ronald Lee）。

李伊與梅森教授深入探討人口結構的改變與資源的流向。他們建構了一套國民移轉帳（National Transfer Accounts），仔細分析世界上六十幾個國家的收入流向、資產、存款以及消費情形。有史以來，移轉流向都是從老年人向下流至年輕人，但是人口老化卻使得向下的流量逐漸減弱。

李伊和梅森發現日本、德國、奧地利、斯洛維尼亞和匈牙利等富裕的高齡國家中，移轉的方向出現了反轉，這大概是史上頭一遭。也就是說，當下的世代正在取用未來世代的資源。李伊和梅森預測，若不能找到因應之道，到了二〇五〇年，會有更多國家的移轉方向出現反轉。他們提到的兩個原因如下：退休年齡下降，健保花費增加。

這不是任何人的錯。這是人口結構改變以及無法及時修正相關體系的結果。雖不是誰的錯，卻也很不公平。因為這代表年輕人需要繳稅來維持老年人的福利水平，但是這些年輕人自己卻無望享有相同福利。

可以理解，政治人物當然不願意打破與老一輩的承諾，也很怕惹怒銀髮選民。很多努力工作的納稅人深信自己有權「取回」他們的「付出」。很可惜，事情沒那麼簡單。在今天這種隨付隨支的福利體制中，工作人口所繳的稅並不是放入寫著自己名字的罐子裡，等他們自己需要的時候再取出使用。這些人的稅金要用來支付今天退休人士的福利。英國國家保險提撥費和美國的薪資稅投入了政府債券，而政府債券的價值取決於未來納稅人償還債券的能力。

問題在於，嬰兒潮世代可以取回的遠大於他們當初所付出的，其中一個原因單純是活得比較久。這是長壽造成的一個嚴重後果：當初設計的福利體制是要重新分配財富，使財富從富人流向窮人，從健康的人流向殘疾人士，從年輕人流向老人，但是這個體制現在卻把所有人的財富重新分配給長壽的人。而最長壽的那群人便很有可能成為最富有的一群人。

老年人的困境

二〇一七年由摩根・費里曼（Morgan Freeman）和米高・肯恩（Michael Caine）主演的重拍電影《瀟灑搶一回》（Going in Style）中打劫商店那場戲，是我近年的最愛：兩名走投無路的退休老人密謀要在家附近的超市偷雜貨。費里曼鬼鬼祟祟地走在超商貨架間，把商品偷偷放到包裡。肯恩開著電動代步車來接費里曼的那一刻，真是當代電影的經典畫面。

當我在日本發現這個畫面其實不是電影虛構的場景，實在令我大吃一驚。日本正面臨著嚴重的老年偷竊潮。日本監獄人口有百分之二十年齡超過六十歲，很不可思議（相較之下，美國是百分之六）。這些日本竊盜不同於費里曼和肯恩所飾演的角色，他們就是想被逮──因為他們已經無法糊口。

「這是刻意入獄服刑以求餬口的現象。」東京客製商品研究（Custom Products Research）顧問工司的經營者麥可・紐曼（Michael Newman）說。紐曼發現：老年犯罪率異常飆高，都是來自低收入的可憐退休人士，他們會一犯再犯。

他們是被遺忘的一群人：沒有積蓄的男性或遺孀（她們無法享受另一半的退休

金）。依照日本傳統，親戚應該要照顧他們，但是日本政府在二〇一七年做的一項調查發現，超過半數的年長竊盜都是獨居人士。紐曼指出，獄中「能遮風避雨，一天有正常的三餐，不用支付水電費，還有無限度的免費健康照護。」

八十九歲的獄友F小姐向彭博社（Bloomberg）記者透露她偷過米、草莓和感冒藥。她說：「我當時一個人住，靠著社會福利過活。我本來和女兒的家庭住在一起，但我的積蓄全花在有虐待、暴力傾向的女婿身上了。」

這種罕見的的犯罪潮把日本監獄變成了老年安養中心。監獄也聘請專業人士來協助老人家更衣、清潔。過去十年中，監獄的醫療花費一口氣增加了百分之八十。

麥可·紐曼認為政府若能興建大規模宿舍，讓窮困的老人家用退休金換取食物和醫療設施，將可以節省開支，也比較人道。年輕人移往都市求職，紐曼認為政府可以用人煙日漸稀少的大面積鄉間土地來進行這項建設。在未來的十年中，這可能會是一個非常誘人的解決方案。

我提這個例子是因為這個故事點出了許多國家一直在面臨的貧窮隱憂。在英國，有一百九十萬名退休人士的生活費不到國民所得中位數的百分之六十（英國國民所得中位數為一年三萬五千英鎊）。在美國，估計有高達百分之四十的中產退休人士可能會成為貧戶。太多嬰兒潮世代的人沒有存夠退休基金，其中一個原因是他們低估了自己未來的年日。低利率衝擊了領死薪水退休人士的存款，卻鼓勵了年輕人貸款繳房貸。此外，個人的退休方案也遠不如過去穩妥，擁有個人退休方案的人也從過往每年可以保證領到一筆定額的「確定給付制」被換成了會隨市場波動的「確定提撥制」。各行各業中，儲蓄的責任從資方被推向勞方，福利最好的公部門除外。全球最大的理財公司貝萊德投信（Blackrock）執行長賴瑞・芬克（Larry Fink）在二〇一七年寫給股東的信中提到，這種被低估的轉變「會造成大眾恐慌」。

說白了，這年頭的個人退休方案已經全面失控。就連最精明的會計人員要規劃退休都是難上加難，因為未知數有：一、能活多久。二、未來是否會生病導致無法工作。三、未來的通膨率。人類壽命越來越長，資方當然要從這個潛在的無底洞抽身。但是這一抽身又太激烈了。比較理想的體制應該要讓勞資雙方共同分擔風險，並且把退休年齡和預期壽命綁在一起考量。

整體而言，嬰兒潮世代的生活仍比千禧世代優渥，若有房則更是如此。但在我們重劃社會安全網的同時，必須注意不要忽略了需要幫助的族群。

並非每件重要的事都能受到重視

我們在討論世代不平等時有忽略了一點——長壽以及經濟壓力使得嬰兒潮世代成了新的「三明治世代」：比起過去任何一代，他們更需要照顧年邁的父母，還要資助成年的兒女或是帶孫。

澳洲的祖父母平均每個月要花五十八小時照顧兒童，相當於每個月三億兩千八百萬的托育費用。在義大利和葡萄牙，五名祖父母中約有一名需要每天顧孫，讓這些孫兒的父母可以外出工作。在美國，將近四分之一的學齡前幼兒是由祖父或祖母照顧，十個幼兒中有一人住在祖父或祖母家。英國的祖父母輩每年可以替父母輩省下將近兩千英鎊的托育費用，未支薪的年長照護人手每年則替英國政府省下了約一百一十四億英鎊。

此外還有社區工作。二〇一六年，年長的美國人投入了三十三億個小時擔任志工，經濟價值是七百八十億。這個數字不也應該納入資產負債表？

來自丹麥和匈牙利的人口學者彼得．范胡豫斯（Pieter Vanhysse）、羅伯特．加爾（Robert Gal）與莉莉．瓦加（Lili Vargha）提出了一個解決方案。他們評估了英國、法國、德國、義大利、西班牙、芬蘭和瑞典年長者所付出的金錢和時間。這三名學者試著想要量化一切活動，舉凡托育、園藝等。把這些「家庭轉移」（family transfers）都列入考量後，他們認為兒童期（接受的階段）應該要延長至二十五歲，而獨立的成年期（付出的階段）則延續到七十九歲。在這個基礎之上，他們認為雖然長輩從政府獲得的資源較多，年輕人則從社會獲得更多：「歐洲這塊大陸上有很多長輩福利國家，而這些國家的社會則是由非常重視孩子的家庭所組成。」

這種評估方式也有爭議，因為他們對貢獻的定義太廣。但是他們也點出了一個重點——公共錢財並非唯一的關鍵，家庭也很重要。在因應改變時，家庭比政府更為靈活。

重擬社會契約

很快，政府將會無法在不用掉大量社會資源的前提下信守對老年人的承諾。退休基金已經快撐不下去，一些地方政府的退休制度也已經破產。此外，預期壽命的差異意味著富人與高知識分子人較可能會更長壽、賺更多、從福利體制提取更多資源。

沒有一個世代該替上個世代負擔比自己預期回收的福利更多的資源，這是個基本原則。要做出改變，顯然必須先挑戰六十五歲以上就是老年這種死板的觀念以及在六十五歲之前提早退休的做法（許多西方國家都是如此）。正如第二章所言，預期壽命大幅提高，上述的想法就變得很不合理。在瑞士、法國、德國和奧地利，六十五歲以上的人有超過三分之一表示願意繼續工作：人數比該年齡當下的實際勞動人口還要多。幫助這些人找到工作會是關鍵。

二〇一一年，英國決定用通膨率、薪資漲幅，或百分之二點五這「三道鎖」來保障退休金——這三者哪一個數字最高，就用該數字作為退休金指標。低薪資漲幅以及低通膨率導致退休金成了勞工薪資的兩倍。這非但不公平，也不是長久之計。較合理的做法是拿掉三道鎖中的百分之二點五標準，根據預期壽命提高退休年齡，廢掉超過法定退休年齡仍繼續工作的人免繳其他工作者須繳交的國家保險稅這種奇怪的規定。

希臘和法國的抗議行動顯示，要政府廢除法規是件窒礙難行的事。要能順利推動公共政策就需要全民都有所付出，換取共同利益。德國和日本創的社會照護保險政策就做到了。在英國，我們可以藉著廢掉國保中的不合理的制度來達成這個目標，這樣一年便可以釋出將近十億英鎊的資金。若可以替老年生活帶來保障，這種政策便可以得到大眾的支持。

挑戰宿命論

我們不能一直逃避下去。即將年滿六十五歲的世代從福利體制所接受的，將會比他們付出的稅金還要多。若不採取行動，年輕一代就要付出代價。只要我們勇於挑戰圍繞著變老打轉的宿命論，就不用無奈地接受這一切。「人口定時炸彈」一說假設人們的生產力到五十歲就會開始下滑；假設六十五歲甚或更早，大家就會紛紛開始退休；假設會有越來越多人罹患慢性疾病；假設我們走在一條絕望的道路上，健康和福利開銷成了一個無底坑；假設繳稅的人變少，繳的稅變高。但是我們的「老化」速度並不如相關數據預期的快。在人生延長賽中，我們可以活得更長，待在職場更久，有所貢獻的時間也比以前更多。這之中的挑戰在於確保「初老人」能夠持續生產，對經濟有所貢獻，而「中老人」能得到他們需要的資源。

我們也必須支持家庭體系，家庭是歷史最悠久的安全網。這可能代表我們必須付錢讓親戚來做照護工作——德國也正在進行這項實驗。而這也意味著我們必須提供想繼續照顧另一半、但是又快撐不下去的人足夠的喘息時間。由保險金為基礎的完整社會照護體系可以改變現狀。然而，若要繼續往前，我們就必須屏棄嬰兒潮世代悠哉搭著渡輪、自私地環遊世界的刻板印象。人口學並非要創造對立。事實上，嬰兒潮世代有很多人替年輕人做了很多事。我們必須善用他們的精力來完成更多事情。

我當時在哈佛的研究小組中有一位年長男性，他有感而發地告訴學生：他希望找到地方貢獻所長。他語重心長地說：「世界上有好多挑戰。氣候變遷、貧窮、房產等。我感覺我們是同舟共濟。我們這些老人時間比較多，需要好好利用這些時間。請告訴我們該怎麼運用這些時間。」人生延長賽是個好機會，讓我們幫助「初老人」使用他們的熱情與精力，替全人類打造一個更美好的未來。

結語

更美好的新世界

對我來說，人生延長賽的來臨是這個時代最劇烈的變動。

我們面臨到了前所未聞的人口結構改變，這樣的改變會對全世界造成深遠的影響。萎縮中的人口很快就會改變國與國之間的平衡，也會改變移民政治。長壽使多代同堂的家庭再度出現，也創造了年齡多元的勞動人口。老年人口與年輕人口比例劇幅改變，迫使政府重擬社會契約並採取行動抵制垃圾食物業者以及認為健康惡化為必然的宿命論者。事實上，生物自然老化的樣貌可能和我們想得很不一樣。

但我們還沒準備好。我們仍舊認為六十就是「老」，認為提早退休是好事，認為好點子與活力僅來自於「年輕人」。事實上，我們根本不願意去思考變老這件事，所以我們還未能意識到「老」的定義已經改變了。我們甚至無法完全理解自己可能可以多長壽——所以也未能有因應之道。

在第四次工業革命中，我們被人工智慧和機器人搶工作的恐懼吞滅了。但是未來人力不足可能會造成經濟實力從資本變回勞力，因為企業踏破鐵鞋也找不到足夠的人才。若有第四期教育，我們就能恢復活力，並且讓許多為了收入、目標和同伴而不願意退休的人動起來。我們可以借助這些人的專業來改善各種社會問題。

我們都很容易受健康只會每況愈下這種宿命論影響。但是現在已有太多證據顯示，健康的生活習慣（尤其是運動）可能會是延緩老化的最佳良方。我們對自己、對我們的醫療體系都需要更有抱負遠見，必須把治好病就送走病人的工廠改變成幫助人們延長健康自己的時間的網絡。

政府、企業和媒體若能改變對年齡的看法，將會很有幫助。我們也需要建立各種新機制：替我們在零工經濟中指引方向的創業工會；提供終身學習機會的巨型大學；把陌生人連繫在一起的會員制社區組織；重人性的護理師團隊；社會照護保險計畫；把老化當作疾病看待的新醫藥許可制度；測量健康預期壽命的新方法。只要留心觀察，便會發現許多國家都已有不錯的構想。

我在本書中想要表達的是：要享受不知所剩多久的餘生，其實有很多方法。但我們也都知道變老這件事就像樂透，沒有人能掌控自己的結局，也沒有人可以把自己的結局怪罪給別人。最重要的是，我們必須善良。多數人有一天都會變老。若不採取其他行動，也總該遵循古老的智慧：「想怎麼被對待，就怎麼待人」。

本書開頭的超狂的荷蘭人希望自己的法定年齡可以降低二十歲。他告訴朋友他不想謊報年齡。這也許該是我們的目標。如果有一天，我們所有人都覺得可以不需要謊報年齡，那麼我們就可以真實擁抱全民百歲的人生延長賽了。

謝辭

在撰寫這本書的過程中，我認識了好多啟發人心的美好人類，他們慷慨貢獻自己的時間。人數眾多，不及備載，然而我想特別感謝以下這些人的支持以及洞見：旗艦先鋒（Flagship Pioneering）的傑森・彭汀（Jason Pontin）；米爾肯研究中心的保羅・艾文；惠康基金會（Wellcome Trust）的馬克・韓德森（Mark Henderson）和安德魯・威爾契曼（Andrew Welchman）；彼得・威爾森（Peter Wilson）大使和保羅・麥登（Paul Madden）大使；魯迪格・範・雷能（Rudiger van Leenan）；詹・凱斯勒（Jan Kessler）；理查・洛伊德・佩芮（Richard Lloyd Parry）；松本千惠；小川義也；艾立克・羅素（Alec Russell）、艾蓮諾・米爾斯（Eleanor Mills）；莫尼克・查爾斯沃斯（Monique Charlesworth）；以及我乾爹布萊恩・麥奇（Bryan Magee），他今年八十八歲，剛出版了（據他說）他最後一本著作——希望這不會真是最後一本。

特別感謝哈佛甘迺迪學院的傑夫・李伯曼（Jeff Liebman）教授、約翰・海格（John Haigh）教授以及理查・澤克豪澤（Richard Zeckhauser）教授，最重要還要感謝勞倫斯・桑默斯（Larry Summers）教授，沒有他我就不可能提筆開始撰寫本書。

同時也要感謝羅漢・席瓦（Rohan Silva）給了我第二個家；艾蜜莉・班恩（Emily Benn）不眠不休地協助我做研究；愛爾・鮑曼（Al Bowman）與羅伯特・漢斯（Robert Hands）對初稿提出的寶貴意見；我厲害的經紀人，北岸人才管理顧問（Northbank Talent Management）的馬丁・瑞德馮恩（Martin Redfern）；以及我優秀的編輯艾德・福克納（Ed Faulkner）還有哈波柯林斯（HarperCollins）的團隊。也謝謝修（Huw）、柯斯莫（Cosmo）、莎夏（Sasha）以及奈德（Ned）忍受我的寫作撞牆期以及空中飛人生活，感謝你們來到我生命中成為我求之不得的家人。

本書所述之觀點、意見以及書中所有錯誤、疏失，責任全屬我本人。

延伸閱讀

Begley, Sharon. *The Plastic Mind: New Science Reveals Our Extraordinary Potential to Transform Ourselves*, Constable, 2009

Bullmore, Edward. *The Inflamed Mind: A Radical New Approach to Depression*, Short Books Limited, 2018

Cicero, Marcus Tullius. *How to Grow Old: Ancient Wisdom for the Second Half of Life*, Princeton University Press, 2016

約瑟夫・F・柯佛林，《銀光經濟：55個案例，開拓銀髮產業新藍海》（天下文化，2017）。Coughlin, Joseph P. *The Longevity Economy: Inside the World's Fastest-Growing*, Most Misunderstood Market, PublicAffairs, 2017

諾曼・多吉，《改變是大腦的天性——從大腦發揮自癒力的故事中發現神經可塑性》

（遠流出版，２００８）。Doidge, Norman. *The Brain That Changes Itself: Stories of Personal Triumph from the Frontiers of Brain Science*, Penguin, 2008

Freedman, Marc. *Encore: Finding Work That Matters in the Second Half of Life*, PublicAffairs, 2008

Gawande, Atul. *Being Mortal: Illness, Medicine and What Matters in the End*, Wellcome Collection, Profile Books Limited, 2015

丹尼爾・高曼，《ＥＱ：決定一生幸福與成就的永恆力量》（時報出版，２０１６）。Goleman, Daniel. *Emotional Intelligence: Why It Can Matter More than IQ*, Bloomsbury, 1996

林達・葛瑞騰與安德魯・史考特，《１００歲的人生戰略》（商業周刊，２０１７）。Gratton, Lynda and Scott, Andrew. *The 100-Year Life: Living and Working in an Age of Longevity*, Bloomsbury Business, 2017

Gray, Sir Muir. *Sod 70! The Guide to Living Well*, Bloomsbury Sport, 2015

Irving, Paul et al. *The Upside of Ageing: How Long Life Is Changing the World of Health,* John Wiley & Sons, 2014

James, Oliver. *Contented Dementia: A Revolutionary New Way of Treating Dementia: 24-Hour Wraparound Care for Lifelong Well- Being,* Vermilion, 2009

Jolivet, Muriel. *Japan: The Childless Society? The Crisis of Motherhood*, Routledge, 1997

Magnus, George. *The Age of Aging: How Demographics Are Changing the Global Economy and Our World,* John Wiley & Sons, 2008

Marmot, Michael. *The Health Gap: The Challenge of an Unequal World*, Bloomsbury Paperbacks, 2016

Mellon, Jim and Chalabi, Al. *Juvenescence: Investing in the Age of Longevity*, Fruitful Publications, 2017

Merzenich, Michael. *Soft-Wired: How the New Science of Brain Plasticity Can Change Your Life*, Parnassus Publishing, 2013

大衛・斯諾登，《優雅的老年》（張老師文化，２０１２）。Snowdon, David. *Aging with Grace: The Nun Study and the Science of Old Age: How We Can All Live Longer, Healthier and More Vital Lives*, Fourth Estate, 2001

Taylor, Paul. *The Next America: Boomers, Millennials, and the Looming Generational*

Showdown, PublicAffairs, 2016

Topol, Eric. *Topol Review: Preparing the Healthcare Workforce to Deliver the Digital Future*, Health Education England, 2019

雪莉・特克，《在一起孤獨：科技拉近了彼此距離，卻讓我們害怕親密交流？》（時報出版，２０１７）。Turkle, Sherry. *Alone Together: Why We Expect More from Technology and Less from Each Other*, Basic Books, 2017

Walker, Alan (ed.). *The New Science of Ageing*, Policy Press, 2014

國家圖書館出版品預行編目資料

百歲時代：當人生百歲成為常態，我們該如何活得更好？ / 卡米拉 · 卡文迪許（Camilla Cavendish）作；高霈芬譯. -- 臺北市：三采文化, 2020.12
面；　公分. -- (FOCUS;96)
譯自：Extra Time: 10 Lessons for an Ageing World
ISBN 978-957-658-444-2 (平裝)

1. 老年 2. 老化 3. 生活指導

544.8　　109015985

suncolor 三采文化集團

FOCUS 96

百歲時代：

當人生百歲成為常態，我們該如何活得更好？

作者 | 卡米拉 · 卡文迪許（Camilla Cavendish）　譯者 | 高霈芬
主編 | 喬郁珊
美術主編 | 藍秀婷　封面設計 | 池婉珊　內頁排版 | 中原造像股份有限公司

發行人 | 張輝明　總編輯 | 曾雅青　發行所 | 三采文化股份有限公司
地址 | 臺北市內湖區瑞光路 513 巷 33 號 8 樓
傳訊 | TEL:8797-1234　FAX:8797-1688　網址 | www.suncolor.com.tw
郵政劃撥 | 帳號：14319060　戶名：三采文化股份有限公司
本版發行 | 2020 年 12 月 04 日　定價 | NT$400

suncolor

suncolor